和大師聊哲學：
我的中國哲學入門

張曉東 ◇ 著

閃耀的**中國哲學**
煥發出時代的光芒
我如此喜愛
在這裡
找到我們的**根脈與靈魂**

財經錢線

究天人之際，通古今之變

伏羲一畫開天，創建了《易經》，為中華文明創建了超越時空的哲學。

禮從夏商逐漸發展起來，而周公制定的周禮標誌著禮到周代趨於完善。

禮代表中華民族進入了更文明的階段。

諸子百家，所謂百家，不過一家，不過是從不同的角度觀察世界，都是從大道之源、群經之首《易經》中開枝散葉而來。

諸子都是「究天人之際，通古今之變，成一家之言」。

究天人之際，就是認識宇宙和人生的道理；通古今之變，就是通達古今所有人的各種理解以及經驗；最後成一家之言，融匯當前局勢，創立自己的學說。

老子對《易經》解釋得最好，並把天道推廣到人事社會。

莊子繼承老子思想，逍遙灑脫，認為萬物齊一。

孔子為周禮注入「仁」。

孟子發展了「仁」，提出了「義」，創立了「仁義之道」。

荀子融合了儒家和法家。

董仲舒進一步把《易經》中的陰陽五行引入儒學。

玄學試圖把道家和儒家融合。

理學把儒、道、佛的精華融為一體。

心學把天理和人心，客觀和主觀統一起來。

現代儒學則把儒學和西方民主思想融為一體。

中國的儒學從漢代開始就已經不是先秦的諸子百家中的儒家了，而是融合了各家的精華，代表著整個中國哲學，成為中國哲學、中國文化的代名詞。

儒學之所以生命力強大，在於它的不斷包容、吸收、傳承與發展。

中國哲學有很強的超越性、思辨性和科學性。

讀《易經》能讀出君子，也能讀出小人。

學中醫，能出大家，也能出騙子。

哲學能為封建統治所用，也能為民主社會所用。

不能因為使用者的不同而拋棄中國哲學。

孫中山是立德、立功、立言的不朽人物。他具有遠見卓識，知道中國哲學是中國的根和魂，並不因為時局的變幻而動搖對中國文化的信心，始終如一地支持儒家哲學。

近代中國落後於西方，儒家思想和中國文化一再被貶低，以至於很多人已經忘卻了中國哲學。

孫中山將儒學現代化，讓人們看到了儒學的魅力，看到了儒學在民主社會的風采。

中華人民共和國成立後，馬克思主義實際上也在不斷中國化，也就是與中國傳統思想和文化緊密結合，為謀求振興中華、提升民眾幸福、開創大同之世而奮鬥。

中國哲學不只是適合中國人的哲學，也是中國智慧為世界做出的貢獻。

中國哲學適合應用於全世界，未來的中國哲學必將走向全球，優秀的中國哲學在未來必將光芒萬丈！

目　錄

第一章　《易經》：超越時空的哲學　　001

第二章　老子：天道與人德　　037

第三章　莊子：逍遙與齊物　　063

第四章　周禮：儒家的發源　　089

第五章　孔子：仁禮合一　　101

第六章　孟子：仁義之道　　115

第七章　荀子：儒法融合　　141

第八章　董仲舒經學：天人感應　　161

第九章　東漢緯學：以緯闡經　　179

第十章　魏晉玄學：儒道佛同臺競技　　191

第十一章　朱熹理學：儒道佛的融合　　213

第十二章　王陽明心學：良知就是天理　　239

第十三章　孫中山現代儒學：中西文明的融合　　255

38

第一章

《易經》：超越時空的哲學

伏羲

☯ 《易經》歷四世更三古

在人們的普遍印象中，《易經》《周易》這類書聽起來像天書，不知道在表達些什麼。社會上算命、看日子、看風水之類的事情倒是經常打著《周易》的旗號。這到底是怎麼回事呀？

《易經》一開始只是易象。

易象是沒有文字，只有圖形和數字的《易經》。易象歷四世，就是經過了上古的結繩記事造爻、燒製龜甲製卦、記錄河圖洛書、伏羲創作八卦四件大事而形成。

這四件事情相隔年代久遠，所以易象的形成經過了漫長的探究與摸索的過程。

伏羲：「仰則觀象於天，俯則觀法於地，觀鳥獸之文與地之宜，近取諸身，遠取諸物，於是始作八卦，以通神明之德，以類萬物之情。」他把自然界八種物質天、地、風、雷、山、澤、水、火分為四組對應起來：

乾為天，居於上為南；坤為地，居於下為北。

艮為山，居右下，即西北；兌為澤，居左上，既東南。

震為雷，居左下，即東北；巽為風，居右上，即西南。

離為火，為日，居左，即東方；坎為水，為月，居右，即西方。

第一章 《易經》：超越時空的哲學

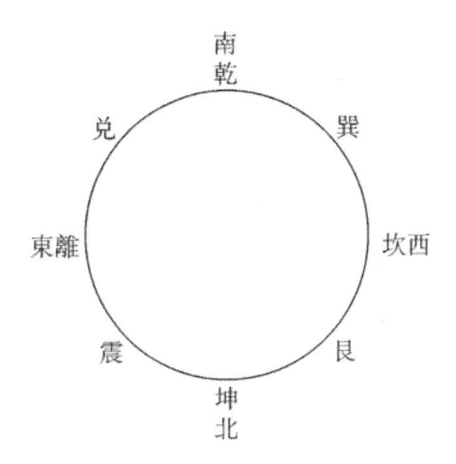

```
        南
        乾
   兌         巽

東離              坎西

    震        艮
        坤
        北
```

為了和後來周文王做的八卦區別，伏羲創作的八卦叫作先天八卦。

伏羲這種「天地定位，山澤通氣，雷風相薄，水火不相射」兩兩對應起來看待的先天八卦也被叫作「對待之易」。

再後來文字被發明出來，人們就開始用文字來解釋易象。

《易經》是經過文字註解的易象。

《易經》更三古，夏代註解易象，形成了夏代的《易經》——《連山易》；商代註解易象，形成了商代的《易經》——《歸藏易》；周代經過周文王和周公做經，孔子作序，形成了周代的《易經》——《周易》。

看到這裡，各位讀者是否有這樣的疑問：為什麼夏商周不使用同一本《易經》，而要弄出《連山易（夏易）》《歸藏易（商易）》《周易》，這樣周折究竟是為了什麼呢？

《易經》用現代的話講就是夏、商、周三個朝代的官方哲學，各朝代的管理者不同、社會情況不同，當然

所用的哲學也不同。

《連山易》《歸藏易》《周易》由卜官掌控，對國家大事、軍事戰爭、祭祀活動進行預測，實際上起到了指導國家管理與個體活動的作用。

那麼，《連山易》《歸藏易》《周易》有什麼不同呢？

上古的人類居住在山洞中，在山林中以狩獵採集為生，「山（艮）」是古人賴以生存的環境，原始人就形成了對山的重視和崇拜。神農氏以「艮卦」為首，創作了《連山易》，象徵「山之出雲，連綿不絕」。

當洪水泛濫的時候，人們無處逃生，只能向高山跑。在落荒逃命的先民們看來，只有山能夠解救他們於洪災水患之中，於是將視「山」為偉大之物、為佑護之神。

禹是靠治水起家，大禹的兒子啟建立了夏朝，沿用了《連山易》。

天地之子，莫出其長，所謂高山仰止，景行行止。大天之下，足堪睥睨萬物，領導萬物，非崇山莫屬。山相疊而連綿，雲氣穿環其間，其象威武、雄健，氣勢磅礴，正合崇威壯崇雄武的夏朝人的精神。

《連山易》就是說，國家和個人的命運與山相連相關。如果沒有山，哪能逃出洪水的困擾和危害呢？哪裡能捕獵到動物、採集到野果呢？

所以，《連山易》中八個卦象都是大山。

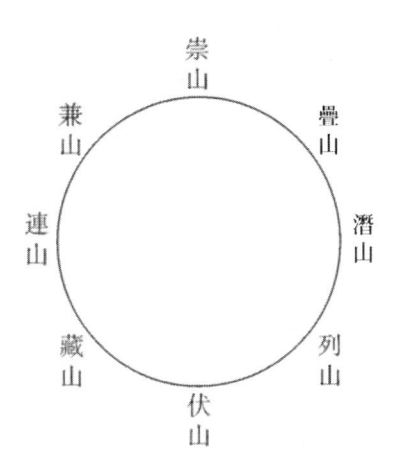

```
        崇
        山
  兼           疊
  山           山
   ○ ─────── ○
  連           潛
  山           山
   ○           ○
   ○           ○
  藏           列
  山           山
        伏
        山
```

到了殷商時期，洪水早已消退，人們對於洪水侵害的記憶已經淡忘，有的甚至全然不知，慢慢地，總是用山來說事的《連山易》讓人們感到莫名其妙。

再說，商朝推翻了夏朝，再使用夏朝的哲學《連山易》，似乎不大合適。因此，商朝要尋找新的官方哲學。

當時，商朝已經開始大規模地種植和飼養，這時候在人們的心中土地比大山更重要。有土地才可以種植，才可以飼養，才能生活。

於是，商代的《易經》以坤（土地）為首卦，用八卦分析動植物的生、動、長、育、止、殺、歸、藏，建立人類的文化與文明。

商代的《易經》都以大地為主，萬物皆生於地，終於又歸藏於地，所以叫作《歸藏易》。

為了證明正統，商朝說自己的《歸藏易》是黃帝所創作，他們只是解釋和沿用。

```
              北
              地
          天  氣
          氣  藏    木
             歸     氣
                    生
         金         風  東
         氣   ○     氣
         西   殺  動
             止  長
             山    火
             氣 育  氣
                水
                氣
                南
```

　　《周易》是周朝對《易經》的註解。周文王姬昌被紂王關押在羑里（河南安陽境內）。在獄中的七年裡，周文王推演伏羲的八卦來打發時間、韜光養晦，為出獄後伐紂積蓄力量。

　　《周易》中的八卦叫作後天八卦，周文王對伏羲的八卦進行了改動。

　　周文王為什麼要改動伏羲的先天八卦？周文王的後天八卦和伏羲的先天八卦有何不同？

　　先天八卦認為是太極生兩儀，兩儀生四象，四象生八卦，八卦生萬物。

　　周文王的觀念和先天八卦的觀念不同，他認為天地交合生萬物。在這種觀念下，周文王發現伏羲的先天八卦中乾陽在上、坤陰在下，而陽是上升的、陰是下降的，乾在上、坤在下陰陽就不能相交，如何能生出萬事萬物？商朝統治者高高在上，老百姓在下不堪其苦，上下不流動、不交流、不通氣，社會就凝滯了。

　　周文王將伏羲的八卦做了調整，把坤陰放在上，乾

陽放在下，形成了後天八卦。這樣上下才能通氣，才能交流，所以周文王的後天八卦也叫作「流行之易」。

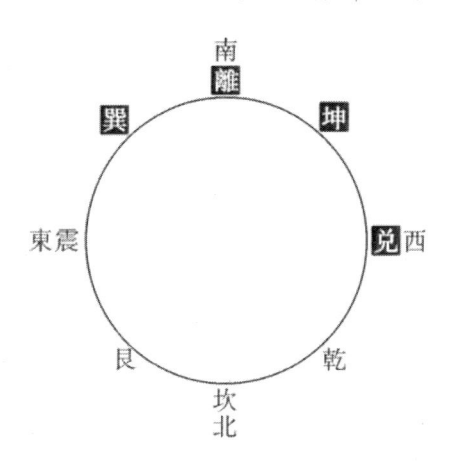

```
         南
         離
    巽         坤

  東震           兌西

    艮         乾
         坎
         北
```

「文王拘而演《周易》」，周文王被囚禁期間，在伏羲八卦基礎上推演出六十四卦三百八十四爻。

《周易》包括《經》和《傳》兩個部分。

文王為《周易》作《經》，就是給這六十四卦和三百八十四爻分別寫了卦辭和爻辭來解釋卦象。

孔子為《周易》作《傳》，寫瞭解釋卦辭和爻辭的七種文辭共十篇，統稱《十翼》。

這樣，易經有《連山易》《歸藏易》《周易》三個版本。

《連山易》《歸藏易》《周易》都是由八個經卦重疊出的六十四個別卦組成的，《連山易》八萬言，《歸藏易》四千三百言，《連山易》與《歸藏易》的卦象和經文已失傳，成為中國哲學領域的一個謎。

《周易》在秦代焚書時打著占卜的書籍而幸免於難，成為最廣為流傳的《易經》版本。

☯ 象數義理

那《易經》究竟是什麼呢？

易字上面是「日」下面是「月」，《易經》是研究變化的規律和學問。

《易經》兼具「變易」「不易」「簡易」三重含義。

「變易」是說宇宙萬物是時刻都在變化的。

「不易」是指萬變不離其宗，變化不息的宇宙具有恒定的規律，萬事萬物都是按照這種不變的法則井然有序、循環往復地運轉。

「簡易」是說作為宇宙中很小一部分的人類，也是按照這種規律來運作的。人類社會就是一個簡化的易，就是一個同樣道理的小宇宙在運行。

《易經》有象、數、理、占四大部分。

象，就是卦象、現象的意思，通過卦象來模擬所在的處境，通過卦象的對比演化來看清事物發展的脈絡與未來的趨勢。

數，就是數值，用具體的數字來描述現象。

理，就是理論、義理。比如從卦象中看到，陽達到極大就生出了陰，陰達到極大就生出了陽，得出了物極必反的道理。

占，就是占卜，用現代話講就是結合象、數、理進行預測。

從某種程度上講，現在科學研究方法不就是和象數理占一樣的道理嗎？本質上也是觀察現象，用數字統計描述現象，然後找出規律、建立理論、預測發展、最後用於指導實踐。

所以說，《易經》是科學嚴謹的哲學體系。

《易經》根據象數理占分為象數派和義理派。

注重象和數的就是象數派，象數是易象與易數的合稱，象是形狀，數是數目和計算。

《易經》的象包括河圖、洛書、太極圖、八卦、六十四卦的卦象，三百八十四爻的爻象。

《易經》的數包括河圖、洛書、太極圖的象數，卦爻的奇偶之數，四時、十二月、二十四節氣、七十二候及天干、地支、五行之數等。

象數派注重用氣數對《易經》的卦象、卦變進行研究，從而用來預測吉凶。

象數派的代表人物有周朝的姜子牙，春秋時期越國的範蠡、文種，漢朝的張良，三國的諸葛亮，唐朝的袁天罡、李淳風，明朝的劉伯溫等。他們都是能推會算的預測大師，能運籌帷幄、輔佐群雄爭霸天下。

象數派的著作中有推算國運的，如姜子牙的《萬年歌》，諸葛亮的《馬前課》，以及袁天罡、李淳風的《推背圖》，劉伯溫的《燒餅歌》；也有推算個人運程的，如有算命，看風水，相面等書籍。

推算國運有政治預言成分，歷代帝皇因為懼怕此類書蠱惑民心危害政權穩定，所以對此類書多加禁絕，或故意篡改錯亂；而算命，看風水、相面等書籍往往被斥為迷信。因為遭受打壓，所以象數派日漸衰落。

義理派中的「義」是意義，「理」是道理。義理派主要闡釋《易經》的經文、經義名理和哲學思想。

比如這個卦䷳：上面是坤☷，代表地；下面是艮☶，代表山。

周文王一看到這個卦：上面是大地，下面是大山，

就是說大山隱藏到大地下面去了，大山那麼高，卻要低微到大地之下，這實在是高貴的謙卑啊，實在是最好的美德呀！

所以就給☷☶起名為謙卦。

《周易》裡面大多都是這樣解釋六十四卦的。

老子的《道德經》是老子對《易經》的感悟。

孔子又作《易傳》（即《十翼》）對《周易》進一步解釋。

孟子又提出了「仁義禮智」，說這是上天安排的道德。

鄒衍說朝代有「五德」：金德、木德、水德、火德、土德。

董仲舒結合《易經》提出了「三綱五常」。

朱熹用太極得出了「存天理、滅人欲」的道德觀。

這些人都是闡述經文的意思，是給人講道理的義理派。

那麼，象數派和義理派哪一個更正確？

不管象數派還是義理派都必須結合象、數、理來預測。

如果掃盡象數，專說義理，沒有數據分析，就會流於空談。如果光知道講物極必反的道理，就如我們現在告訴人房價一直漲，漲到極點就會降價。這道理雖然沒有錯，但卻說不清楚具體到什麼時間會降價，什麼價位是最高點，這等於空談。

如果不尚義理，專說象數，沒有理論依據，就會流於迷信。比如說用奇門遁甲和子午流註推算出：你明天在東南方要撿到錢，這只股票後天要漲，某城市的房價三個月後要跌，僅推算而說不清背後的邏輯和道理，就

很荒唐。

☯ 河圖與洛書

河圖、洛書是中華文化的源頭。《易經·繫辭上》說：「河出圖，洛出書，聖人則之。」

這裡的聖人是指中華文化始祖伏羲，傳說有龍馬背負河圖從黃河出現，有神龜背負洛書從洛水出現，把河圖和洛書獻給伏羲，伏羲根據這種「圖」「書」畫成先天八卦，後來周文王又依據伏羲先天八卦推演成後天八卦和六十四卦，並分別寫了卦辭。

古書上很早就記載伏羲的先天八卦是根據河圖、洛書畫出的，但河圖、洛書到底是個什麼樣子，各類書上都沒有寫明。

直到宋代初年，華山道士陳摶拿出一幅《龍圖易》，人們在裡面發現了河圖、洛書的圖式。

兩幅圖中，一幅有 1~9 九個數字（九圖），一幅有 1~10 十個數字（十圖），到底哪幅是河圖，哪幅是洛書，歷史上一直有很大的爭議。

不管是「圖（河圖）十（十圖）書（洛書）九（九圖）」還是「圖九書十」，它們其實都是一個東西的不同表現。

現在比較流行的說法是「圖十書九」，就是十圖是河圖，九圖是洛書。

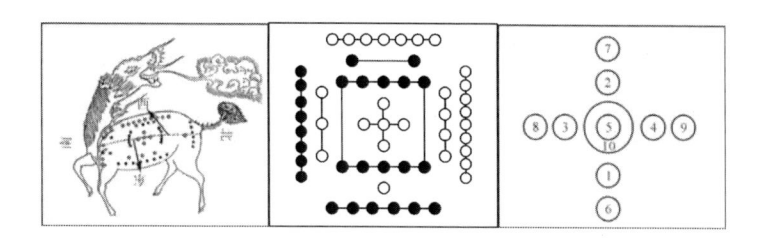

上圖左邊龍馬背上的就是河圖，中間是河圖單獨拿出來放大的樣子，右邊是代表河圖的10個數。

河圖中最外層的數字減去內層的數字都等於5，5是五行生成的最小數，叫作小衍數。

伏羲用圭表測日知道了勾股定理：$3^2+4^2=5^2$。其中$3^2+4^2+5^2=50$，50叫作大衍數。

河圖、洛書中的白點和黑點分別表示陽數和陰數。

陽數：1，3，5，7，9

陰數：2，4，6，8，10

天數＝陽數之和＝1+3+5+7+9＝25

地數＝陰數之和＝2+4+6+8+10＝30

天地數＝天數+地數＝25+30＝55

天地數＝大衍數+小衍數＝50+5＝55

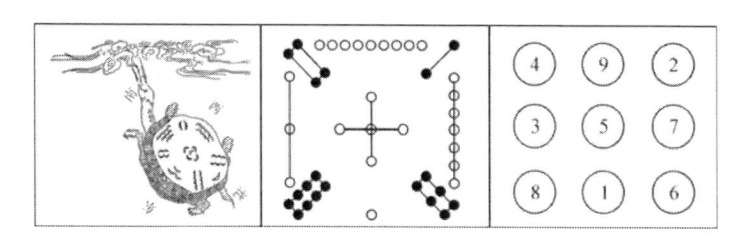

上圖左邊神龜背上的是洛書，中間是洛書單獨拿出來放大的樣子，右邊是代表洛書的9個數。

洛書中的數字三行、三列及兩條對角線上的8組數字相加，都等於15，展示了「易」中的變易與不變。

可以看出，洛書就是九宮圖。大禹從洛書中悟出萬事萬物的生克之理後，掘九河、開九山、治九州，事事通達。

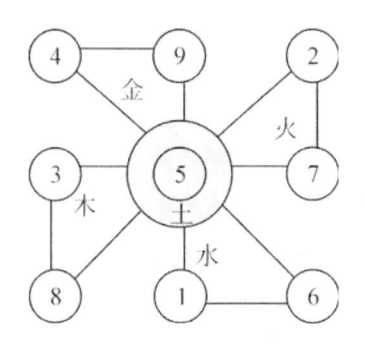

洛書中，1得中5而成6，2得中5而成7，3得中5而成8，4得中5而成9，5得中5而成10，這樣子洛書就變成了河圖。

所以說，河圖和洛書是一體的，只是表達不同的側面。

表達什麼不同的側面呢？

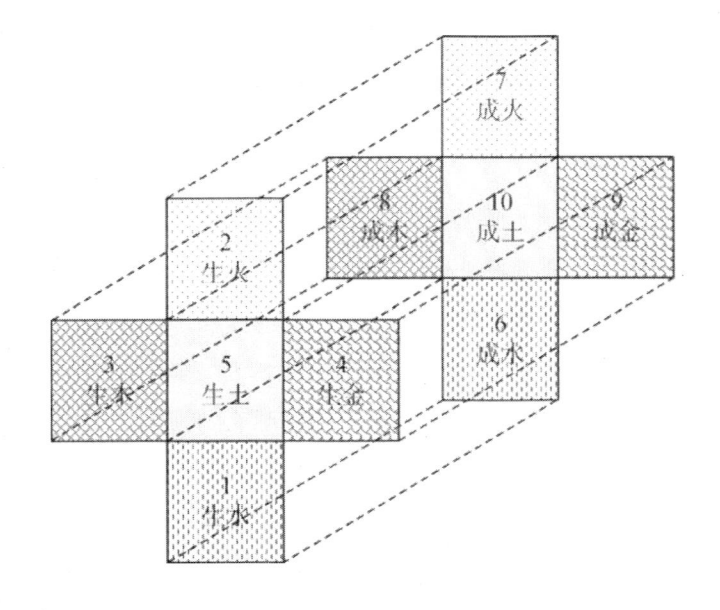

013

河圖洛書包含著陰陽與五行的關係。上圖代表陰陽與五行的關係，其中1、2、3、4、5是生數，表示生五行；6、7、8、9、10是成數，表示成五行。

用生數和成數，結合河圖和洛書中的黑點和白點（代表陰數和陽數）看到：陽1生水，陰6成水；陰2生火，陽7成火；陽3生木，陰8成木；陰4生金，陽9成金；陽5生木，陰10成木。

把金、木、水、火、土五行代入河圖、洛書中，就可以得出五行的生克關係。

河圖數字1～10，是全數，是先天圖，先天主生，以生為體，相生為順時針旋轉，得出五行相生的關係：土生金，金生水，水生木，木生火，火生土。

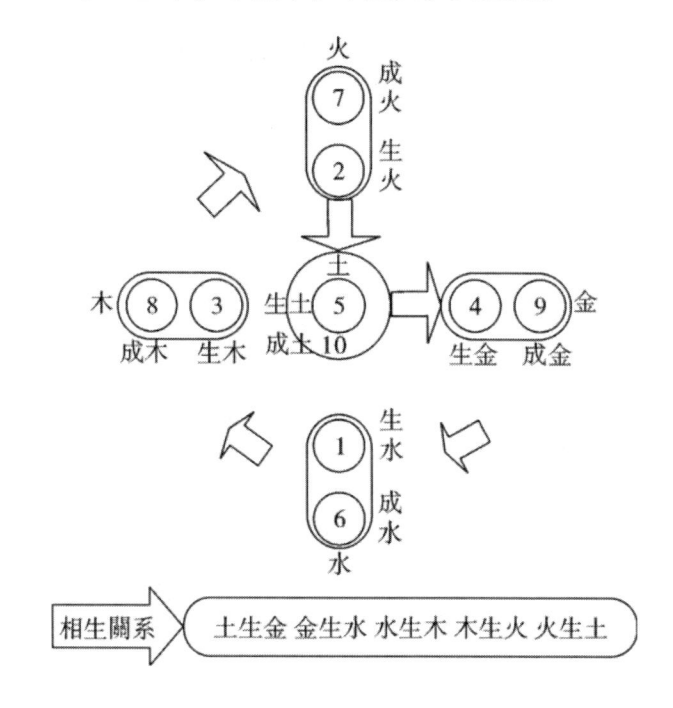

洛書數字1～9，是後天圖，後天主克，以克為用，相克為逆時針旋轉，得出五行相克的關係：土克水，水

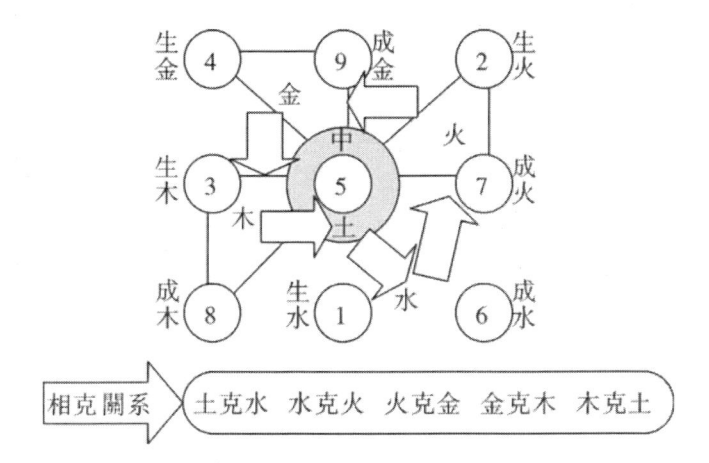

克火，火克金，金克木，木克土。

```
        生           成            生
        金    ┌───┐  金           火
       ④────│ 金 │────⑨     ②
             │   │          火
        生   │中 │          成
        木   │ 土│          火
       ③────│ 木│⑤────⑦
             │   │
        成   └───┘  生            成
        木            水          水
       ⑧          ①   水   ⑥
```

相克關系 ➔ 土克水 水克火 火克金 金克木 木克土

「造化之機不可無生，亦不可無制，無生而發育無由，無制則亢而為害。」(《類經圖翼》)

相生相克就是陰陽的關係，是事物不可分割的兩個方面。沒有生，就沒有事物的發生和成長；沒有克，就不能維持事物的發展和變化中的平衡與協調。

沒有相生就沒有相克，沒有相克就沒有相生，這種生中有克，克中有生，相反相成，互相為用的關係推動和維持事物的正常生長、發展和變化。

☯ 先天八卦

伏羲根據河圖、洛書的啟示創立先天八卦，周文王在先天八卦的基礎上推演後天八卦。

先天、後天是什麼意思呀？

人以天為天，天以人為天，人被天制之時，人是天之屬，人同一於天，天人合一，無所謂人，故為先天。先天之理，五行萬物相生相制，以生發為主。河圖順時

針旋動而相生，是先天之理。

人能識天之時，且能逆天而行，人就是天，乃天之天，人不是天之附屬，不受天之驅使，天人相分，故為後天。後天之理，五行萬物相克相制，以克制為主。洛書逆時針旋動而相克，是後天之理。

伏羲通過觀察和認識自然之理作《易經》，為先天八卦；周文王為掙脫天命，推翻商朝而演《周易》，為後天八卦。

先天八卦是按照無極（太極）→兩儀→四象→八卦（五行）→萬事萬物的思路形成的。

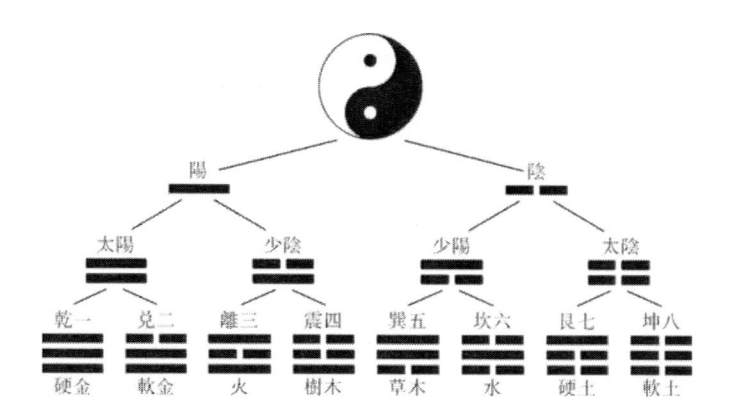

無極就是太極。太極是沒有分化出陰陽的東西，處於混沌狀態。無極是對太極的形容，之所以叫無極，就是無形無相、無色無味、無情無欲的「無」的狀態，這是古人超越性的創造。

無極的太極生出了陰陽兩儀。

兩儀生四象：陽儀生出「太陽」和「少陰」兩象，陰儀生出「少陽」和「太陰」兩象。

四象生八卦：「太陽」生「乾」和「兌」，「少陰」生「離」和「震」，「少陽」生「巽（xùn）」和「坎」，

「太陰」生「艮（gèn）」和「坤」。

八卦裡面就包含著五行：「乾」是陽金、硬金，「兌」是陰金、軟金，「乾」和「兌」是五行「金」；「離」是火日，五行屬「火」；「震」是陽木、樹木，「巽」是陰木、草木，「震」和「巽」是五行「木」；「坎」是水月，五行屬「水」；「艮」是陽土、石頭，「坤」是陰土、軟土，「艮」和「坤」是五行「土」。

其中，乾一、兌二、離三、震四、巽五、坎六、艮七、坤八，代表八卦的順序。

八卦中，乾代表天，坤代表地，巽代表風，震代表雷，坎代表水，離代表火，艮代表山，兌代表澤。

這裡面有個疑問，坎和兌有什麼區別，好像都是水。坤是地、艮是山，地和山好像也差不多。

坎主明水，例如江河、湖海，坎屬於五行「水」；兌為澤，是天上水，代表雨露、霧氣等，兌和乾一樣屬五行「金」。坤和艮同屬五行「土」，坤為藏（孕育），

艮為止（停止、高山仰止）。

伏羲用「天地定位，山澤通氣，雷風相薄，水火不相射」，把八卦排列起來。

天地定位是說乾、坤兩卦，乾為天，居於上為南；坤為地，居於下為北。

山澤通氣是說艮、兌兩卦，艮為山，居右下為西北；兌為澤，居左上為東南。

雷風相薄是說震、巽兩卦，震為雷，居左下為東北；巽為風，居右上為西南。

水火不相射是說坎、離兩卦，離為火，為日，居左為東方；坎為水，為月，居右為西方。

下面就是伏羲的先天八卦圖，上面的白魚代表陽，下面的黑魚代表陰，陽魚的眼眼睛是陰魚的尾巴、是黑的，陰魚的眼睛是陽魚的尾巴、是白的，二者緊緊環抱在一起順時針轉動。

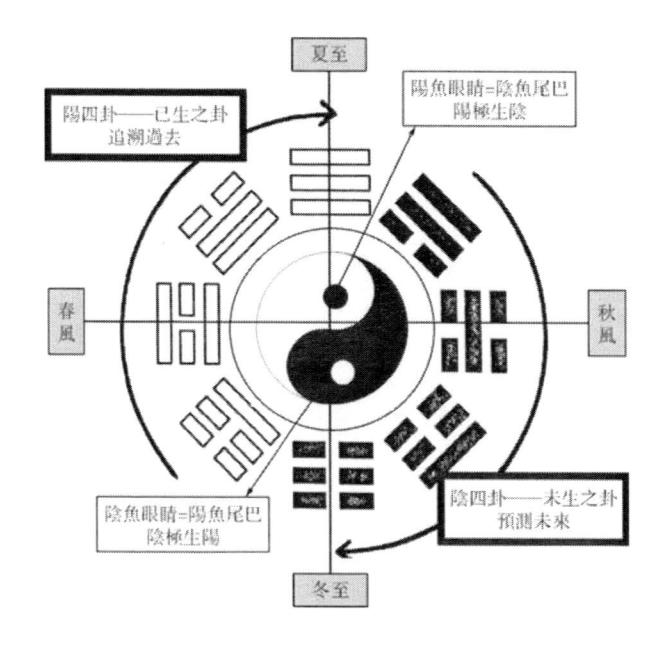

老子說：一陰一陽謂之道，就是說道的運行離不開矛盾的兩個方面。孤陰不生，獨陽不長，單獨的矛盾一方是無法發展的。就如陰和陽、冷和熱、有和無、禍和福、生和死、損和益、美和醜、智和愚、強和弱、難和易、攻和守、進和退、男和女等一系列對立面，離開任何一方都不能夠獨立存在，說明它們都是相互依存的。圖中陽魚和陰魚緊緊抱在一起，形成一個整體，這就是對立統一。

我們看陽魚，從下到上越來越大（白色部分越來越大），這是陽的力量在增加，如果用陽魚的尾巴表示冬至，用陽魚的眼睛表示夏至，那麼從冬至到夏至，「熱」的量在逐步增加；當到達陽魚的眼睛，「熱」的量增加到最大，處於夏至，這時候陽達到最大，物極必反，陽極生陰，達到最熱的時候（陽魚的眼睛），這是也是陰產生的時候（陽魚的眼睛是陰魚的尾巴），陽變出陰，熱開始冷。量達到一定階段，就產生了矛盾的另外一面，物極必反，也就是質量互變的道理。

太極圖不是靜止的，是順時針不斷轉動的，陽魚代表過去，已經發生過的事情；陰魚代表未來，是還沒有發生的事情。這可以看出，陽是向著陰的方向運動的，陰是向著陽的方向運動的。這就是否定之否定，陽否定一次變陰，陰再否定一次變陽，否定再否定又成為肯定。陽魚轉一圈先變成陰魚又變回陽魚（陽否定再否定）後，貌似還是陽，但是和以前的陽已經不是同一個陽了，這就是螺旋上升。歷史上的朝代好像都是盛極而衰、衰極而盛，可這下一個朝代的盛和上一個朝代的盛，已經不是同一個盛了。

按照乾一、兌二、離三、震四、巽五、坎六、艮

七、坤八的卦序，就可以看到八卦變化順序。如下圖。

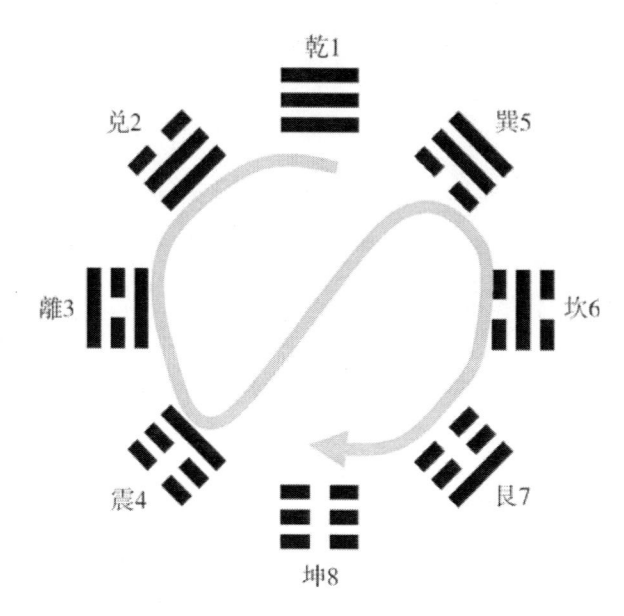

下圖是按照八卦的變化順序推演到六十四卦，展現出六十四卦的卦序。

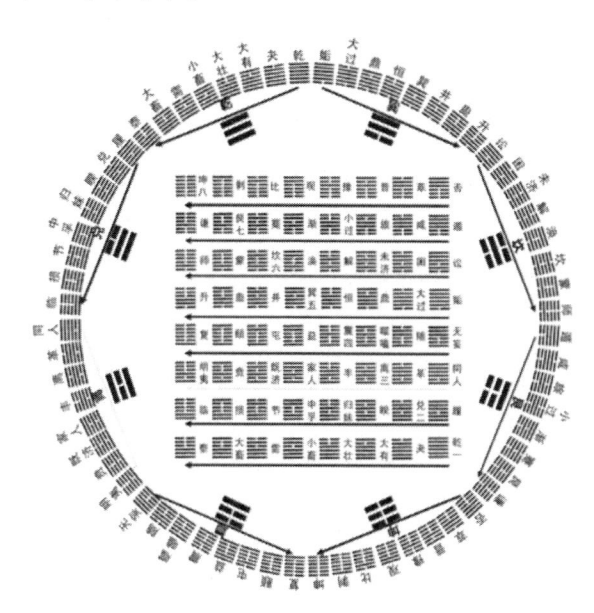

第一章 《易經》：超越時空的哲學

把八卦的五行屬性帶入太極圖中，可以看到先天八卦中的五行是按照「8」字順序相克的。

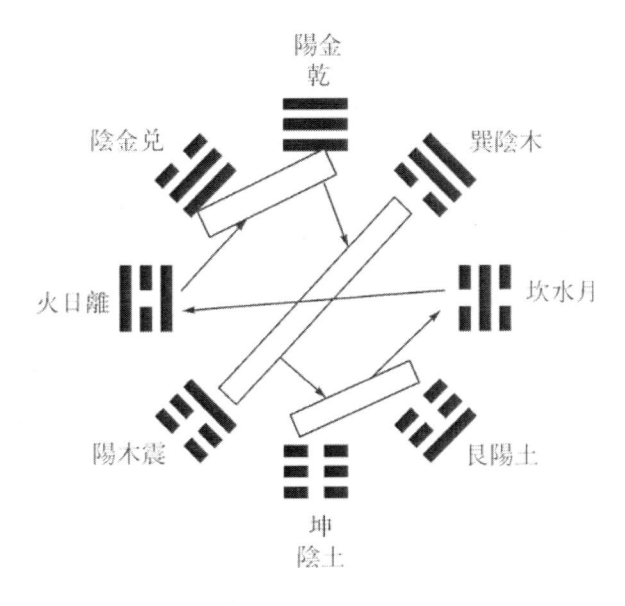

陽金 乾
陰金兌
巽陰木
火曰離
坎水月
陽木震
艮陽土
坤 陰土

而洛書的五行也相克，在實際應用中，先天八卦要與洛書配合起來使用。

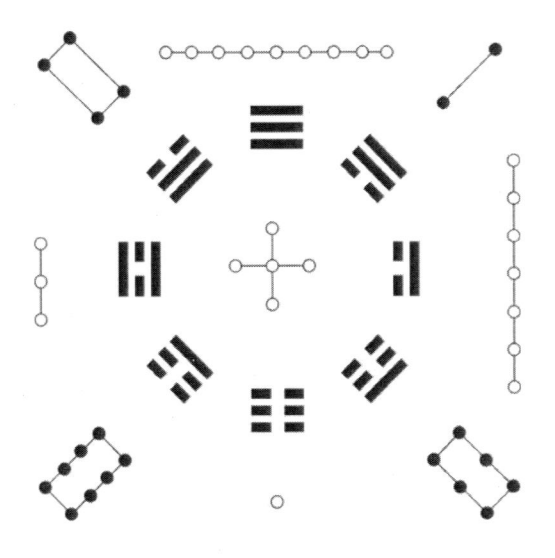

後天八卦

周文王為了讓天地通氣、上下交流，把伏羲的八卦做了調整，將坤陰放在上、乾陽放在下，形成了後天八卦。周文王把伏羲先天八卦的「對待之易」改為後天八卦的「流行之易」。

坤上乾下就是把先天八卦裡的乾卦和坤卦的位置對調一下嗎？

周文王認為乾坤（天地）交變生六子：巽（風），震（雷），坎（水），離（火），艮（山），兌（澤）。

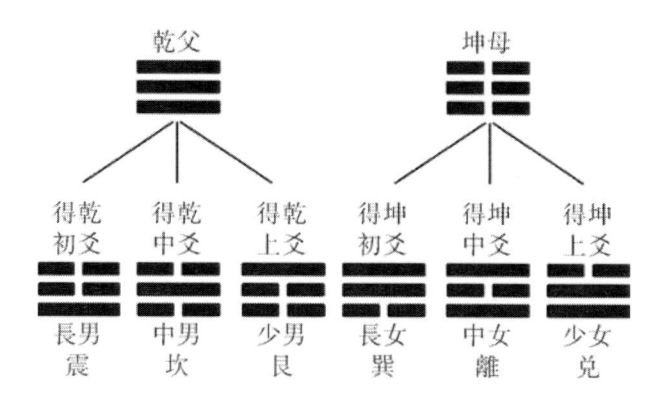

乾坤是八卦之門，是八卦的父母。乾坤交合生六子，三兒三女。

震得乾之初爻，是長男；坎得乾之中爻，是中男；艮得乾之上爻，是少男。

巽得坤之初爻，是長女；離得坤之中爻，是中女；兌得坤之上爻，是少女。

震、艮、坎、乾是陽卦，位於下方；巽、離、坤、兌是陰卦，位於上方。就構成了下圖，即是後天八卦。

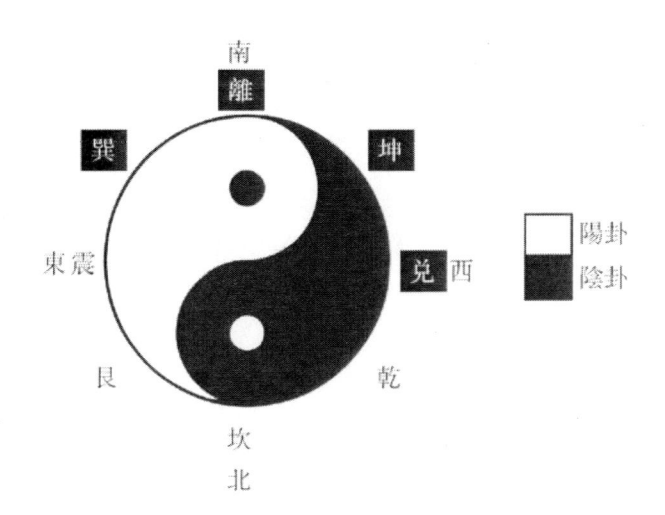

後天八卦用洛書之數，形成後天八卦的卦序：坎一、坤二、震三、巽四、中五、乾六、兌七、艮八、離九。

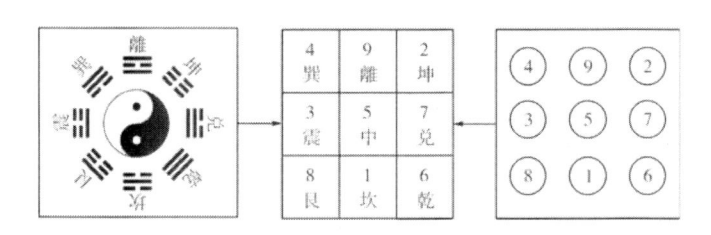

把五行屬性帶入後天八卦中，可以看到後天八卦中的五行是按照順時針順序相生的。

而河圖是五行相生，在實際應用中，後天八卦要與河圖配合起來使用。

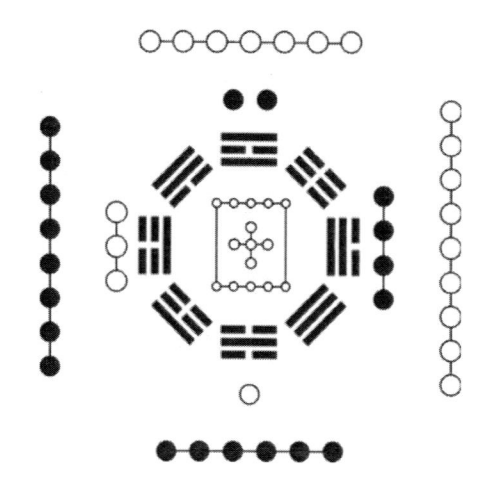

五行生克

夜空中最亮的星——水星、金星、火星、土星、木星，古人早已觀察到，而距離較遠的天王星、海王星、冥王星肉眼則不易發現。

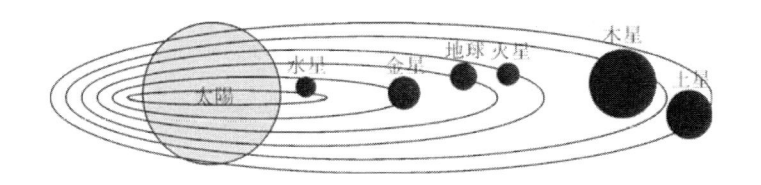

古人認為這五大行星對地球的影響比較大，也有不少人認為河圖和洛書是星相圖。

河圖就記載了五大行星的出沒，火星二月、七月在南方出現，木星三月、八月在東方出現，金星四月、九月在西方出現，土星五月、十月出現於中天，水星十一月、六月在北方出現。

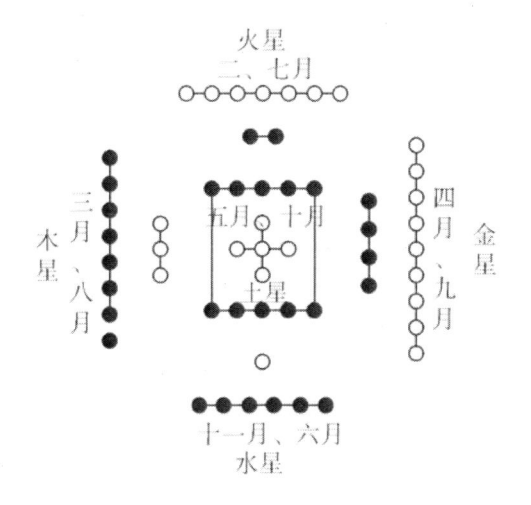

五行來源於天象，然後再把五行相生相克的規律推演到萬事萬物中。

五行相生，「生」含有資生助長和促進的意義。相生的次序是：木生火，火生土，土生金，金生水，水生木，循環不盡。

五行之中任何一行都具有「生我者」和「我生者」；生我者為「母」，我生者為「子」，所以五行的相

生關係，又叫「母子關係」。以火為例，生我者木，則木為火之母；我生者土，則為火之子。

五行相克，「克」含有制勝、制約和克服的意思。相克的次序是：木克土，土克水，水克火，火克金，金克木。

五行中任何一行都具有「克我者」和「我克者」兩方面的聯繫。克我者為我所不勝，為我「主」；我克者為我所勝，為我「從」；所以五行的相克關係，又叫「主從關係」。《黃帝內經》中也把相克關係稱為「所勝」和「所不勝」的關係。以火為例，克我者為水，我克者為金，那麼金就是火之「所勝」，水就是火之「所不勝」。

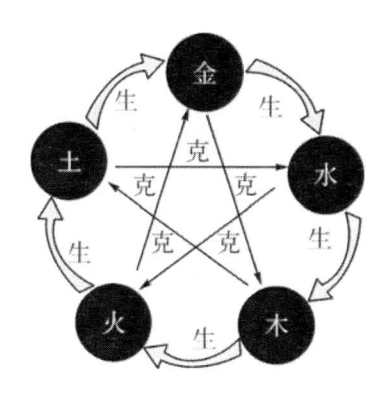

在相克的關係中，引起乘侮的原因就是「克者」與「被克者」的力量懸殊。

在相克的關係中，過分克制（「克者」過強），以強凌弱，克者凌駕於被克者，克者乘機侵襲被克者，就是相乘。

在相克的關係中，克制不足（「克者」過弱），反被「被克者」欺侮，「被克者」反過來克「克者」，就是相侮。

比如，火克金、金克木，當金亢盛，金不僅能克木，而且還會趁機侵襲、破壞木，稱為「金乘木」；金能量充沛，金不僅不受火的克制，反而對火進行反侮（反克），稱作「金侮火」。

而當金衰弱時，火不僅要克金，而且還會趁機侵襲、破壞金，稱為「火乘金」；金十分虛弱，木不僅不受金的克制，反而對金進行反侮（反克），稱作「木侮金」。

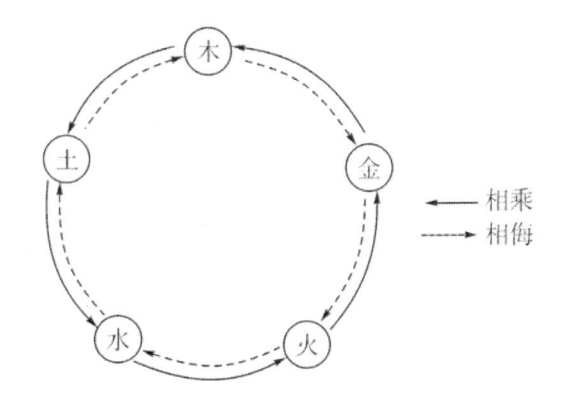

```
        木
    ↗       ↘
  土           金       ── 相乘
                       ---- 相侮
    ↖       ↙
      水 ← 火
```

五行中的相生和相克不是獨立的，而是生中有克，克中有生。

沒有生，就沒有事物的發生和成長；沒有克，事物就會過分亢盛而為害。

五行制化就是通過相制和相化來調節矛盾，維持平衡。

相制就是借助「我生者」來制約「克己者」。例如，金克木，木可以借助自己所生的火來反克金。

相化就是借助「我生者」來滋養「我克者」。例如，金克木，金可以借助自己所生的水來滋養木。

五行相生相克關係十分有趣，可以應用在萬事萬物中，特別是在中醫領域，五行生克被大量應用。

戰國時期的陰陽家鄒衍還用五行推算朝代國運。鄒衍創立了五德終始說。他把五行作為五種德性（金德、木德、水德、火德、土德）賦予各個朝代。

五行有相生相克之說，認為禪讓為五行相生，革命起義為五行相克。

「終始」指「五德」的周而復始的循環運轉。

鄒衍以此學說來解釋歷史變遷和王朝更替。

夏朝是木德
商朝是金德
周朝是火德
秦朝是水德
漢朝是土德
魏朝是木德
晉朝是金德
南北朝火德
隋朝是水德
唐朝是土德
宋朝是木德
元朝是金德
明朝是火德
清朝是水德

```
土  木  金  火  水
唐  宋  元  明  清

         水  火  金  木
相乘     隋 南北朝 晉 魏
相侮

木  金  火  水  土
夏  商  周  秦  漢
```

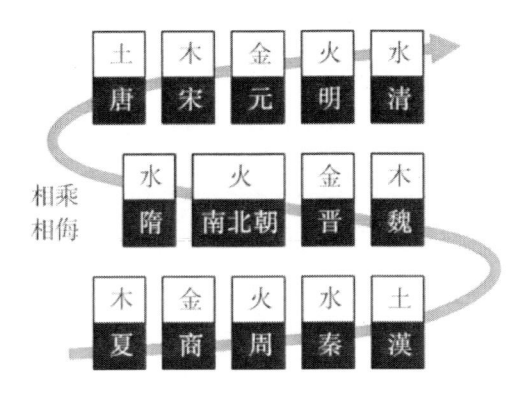

中國歷史上的朝代很多，每個朝代屬於什麼德性，有很多說法，一旦一朝排錯，後面都錯。

五德終始說在古代相當流行。所以，在春秋時期，鄒衍遊歷各國，享受的是諸侯般的高規格待遇，而孔子遊歷各國，卻處處碰壁。

秦始皇也很喜歡五德終始理論。

其實，歷代王朝都很關心自己的德運屬於哪種五行，因為關乎正統和天命。因此，一些朝代時不時就把五行改來改去。

五行理論用在朝代更替不一定正確，不過每個朝代的五行生化克制關係是有理可循的。德不配位必有所失，從古至今，德不配位且五行被克最大的影響就是朝代更替過快，因此儒家一直在強調德治。

群經之首

《易經》是一部博大精深、包羅萬象的辯證法哲學書，中國的哲學家無不是精通《易經》之人，後面各章會詳細介紹。

《易經》涵蓋萬有，綱紀群倫，是中國文化的傑出

代表；《易經》廣大精微，包羅萬象，亦是中華文明的源頭活水。其內容涉及哲學、政治、兵法、醫學、生活、文學、藝術、科學、商業等諸多領域，是群經之首，是儒家、道家共同的經典。

各位讀者，看完這些《易經》的入門知識有什麼感想呢？

無極、太極、陰陽、五行感覺很虛無縹緲、胡編亂造、牽強附會，沒有任何根據，想怎麼說就怎麼說，搞的玄之又玄，可以說《易經》是在胡說八道嗎？

其實，可以把無極理解為「道」或者「規律」，類似西方哲學家黑格爾的絕對精神。

現在科學都研究原子、分子、誇克、宇宙大爆炸、黑洞理論了。《易經》還把幾千年前五行（金、木、水、火、土）、八卦（天、地、水、火、雷、風、山、澤）認為是構成萬事萬物的基本元素，這也太落伍了吧？

實際上《易經》從來不落伍，幾千年來，金、木、水、火、土也好，水、火、雷、風、山、澤也罷，可曾發生過改變？用這些自然界的事物取象，然後去推演萬物的規律，正是《易經》所具備的不易與變易。

中國歷代的哲學家、科學家、儒道佛家，無不是熟讀、精通《易經》者，這些諳熟《易經》者沒人認為《易經》是迷信，反而一直認為《易經》是群經之首。

《易經》是哲學的哲學。中國哲學諸子百家，其思想源頭無不出自《易經》。

西方哲學是建立在質疑與超越的基礎上，質疑前人的理論，並創建新的哲學體系。

中國哲學是建立在繼承與發展的基礎上，從來沒有人說自己的體系是在否定和批判伏羲八卦，而是說是在

伏羲八卦上推演、開創的。

難道我們中國人沒有質疑精神、沒有批判精神嗎？

當然不是，因為《易經》本來就沒有束縛我們。

《易經》不限制人，不同時代、不同背景都可以有不同的解讀，用現在最流行的「解構主義哲學」來看，《易經》真正具備延異性。

《易經》是延續的，是永遠未完成的。《易經》是永遠也解釋不清楚、解釋不完的，古往今來都在解讀；即使是同一個人看《易經》，每次的感受也不同。

《易經》也是差異的，不同人看《易經》的不同感受，領悟不同。

翻看《周易》裡面對每一個卦的卦辭與爻辭，這些內容只是前人對《易經》的解讀，你說這些卦辭和爻辭所說的是對還是錯呢？

答案是既對又錯，有對有錯，時錯時對，錯就是對，對就是錯。

這種答案用西方的邏輯學看實在不合邏輯、不可思議。對就是對，錯就是錯，搞什麼錯就是對，又對又錯？如果考試讓你做判斷題，你在後面的括號裡打上又對又錯，不挨罵才怪！

這是因為西方哲學是自然科學的「跟屁蟲」，當把自然科學的邏輯用在人事社會中就很難推行，即使推行了也很機械。

數學家笛卡爾建立解析幾何，推導出很多命題，西方哲學家就總結這種方法為演繹法，坐在屋子裡思考演算得出知識。

物理學家牛頓觀察自然、反覆試驗提出牛頓三大定律，西方哲學家就把這種方法總結為歸納法，通過大量

觀察實際得出知識。

　　生物學家達爾文提出轟動一時的進化論的時候，西方哲學家就總結出進化論的方法用在各個學科中。

　　當實證研究方法流行的時候，大家又一窩蜂地去搞實證研究，自然科學、社會科學都用數字量化一切東西，然後找出這些東西之間的數學關係。

　　西方哲學家大多是科學家，他們把自己的科學發現總結成研究方法去推廣。這樣是很好，但不足之處在於把哲學搞成了科學的「跟屁蟲」，根本沒有辦法指導科學，落後有餘而超前不足。

　　現實生活中有很多事情是沒有辦法評價對錯、好壞的。小到夫妻吵架，一般公司的營運決策；大到國家制定政策，哪個政策好？哪個不好？用好壞、對錯去評價，可能永遠也沒有答案。因為每一方都是又對又錯，有對有錯，時錯時對，錯就是對，對就是錯，錯會轉化為對，對也會轉化為錯。站在不同角度、不同立場、不同利益、不同背景，對錯的判斷也不同。即使是同一個人，角度一變、位置一變、環境一變，以前他堅持的觀點可能馬上變成他抨擊的觀點。

　　很多時候，沒有對錯，只有合適與否。

　　不搞出個標準答案、沒有穩定規律還怎麼進行科學研究？難道《易經》只適合應用在社會管理中，不適合用於科學研究嗎？

　　《易經》包羅萬象，可以用在任何地方。你是科學家，可以用《易經》來輔助科學研究；你是管理者，可以用《易經》來輔助企業管理；你是醫生，可以用《易經》來輔助醫療……

　　《易經》沒有束縛，並沒有阻礙中國人的創新，反

而更有助於推進科技創新和發明。

有人說到科技就來氣：說《易經》好，那為什麼中國科學會落後西方？

科技落後並不只是哲學和哲學家的事情，更多的是科學家的事情。為什麼出不了那麼多科學家，看歷史就會瞭解是各種因素造成的，一句話也說不完。但把科技落後歸結於中國哲學，並以此來否定中國哲學，是十分荒謬的！

歷史運程在那個位置，神仙都改變不了，哲學更改變不了，《易經》只能告訴人們事物發展的道理。

起起伏伏就是《易經》展現的陰陽變化之理，落後中孕育著先進，先進中包藏著落後的種子；沒有永遠的先進與落後，風水在輪流轉。

伏羲的八卦就是一幅太極八卦圖，真能包含那麼多道理？

中國哲學的魅力正是在於「一畫開天」，從無極開始，推理到萬事萬物，很具有整體性，因而《易經》歷經千年而不衰。

那麼掌握《易經》就掌握一切了嗎？

《易經》雖然是群經之首，是偉大的哲學，告訴人們萬事萬物變化的規律，提供一種思路，指導人們的研究、實踐與生活。

但《易經》不是仙術，它畢竟只是哲學，沒有人說看完哲學就會發明機器了，就會給人治病了，就會管理企業了……

如果有人告訴你學了《易經》就掌握了宇宙規律，就可以預知未來，像模像樣地占卜起來，那絕對是騙子。

一些中醫不應用現代科學技術、不創新發明、不剖析原理、不臨床試驗，有的中醫甚至文化程度很低，只背誦了《黃帝內經》和《易經》就來看病，還要吹噓祖傳秘方，包治百病，最後往往被人們罵為騙子。

西方的科學和醫學也不是光讀讀哲學就能得來的。

哲學是不能看病的，看病要經過反覆的臨床實驗和艱苦的學習探索。

中國哲學和西方哲學並沒有分歧，和現代科學也沒有衝突，它們都是在認知人類共同的世界。

中國哲學只是說這是中國人發明的哲學，它是反應客觀世界的，人類可以共用。

就像西方哲學並不只是適合西方人一樣。

中國哲學是有深度的、是超越性的、不是馬後炮，不僅能帶給人知識，也能帶給人智慧。中國哲學是情性的，是溫暖的。再大的煩惱和痛苦，《易經》都會告訴你否極泰來，讓你學會韜光養晦，醞釀等待。這也是中華民族歷經磨難而不倒的精神。

再偉大的業績，再崇高的讚美，《易經》都告訴你禍福相依，這不是你個人的功勞，要謹慎小心，持之以恒，泰然處之。這也是中華民族優秀而不炫耀，溫良謙和的品質。

一些人遇到困惑以為看哲學能得到慰藉，就跑去看西方哲學。大多數西方哲學家都是科學家，大部分西方哲學流派都是講科學研究方法的，如果是科研人員看看倒是合適，如果是找尋慰藉的人去看，要麼看不懂睡著了，要麼看哭了，感覺這哲學怎麼好像盡是在講數理化呀！

不像西方哲學理性的冰冷，中國哲學看到的是社會

的、歷史的情景，是活生生的人類生活。

古人認為外物不能根本解決人類的問題，他們更注重心性的修養。

諸子的「崇本抑末」思想反對「奇技淫巧」，反對「重利輕義」，在一定程度上抑制了科技和物質文明的發展。

孔子提出「仁愛」，一切禮法和制度以「仁愛」為核心。

朱熹提出「主敬」，要正心誠意地做事情。

西方人只知道研究的方法，而我們不僅有格物致知的研究方法，還要做正心誠意的研究。

因為種種原因，我們一度忘卻了偉大的《易經》，直至現代，還是有很多人去謾罵中國哲學，把科技落後、封建統治、迷信愚昧都歸罪於中國哲學。這是非常令人痛心的！

《易經》並不限定人，任何人任何時代都可以有自己的解讀，都可以去豐富和發展《易經》。這就是它的時空超越性，雖千年而歷久彌新。伴隨中國的富強，《易經》在世界上必定會更加光彩奪目！

第二章

老子：天道與人德

老子

老子解易

《易經》真有說的那麼好、那麼神奇嗎？河圖、洛書、太極八卦幾張圖就能包羅萬象啦？

中國的哲學家都離不開《易經》、幾乎都精通《易經》，他們應用《易經》來進一步發展哲學。《易經》是哲學的哲學。

中國先秦的百家爭鳴也好，秦後的儒道佛也罷，都是出於《易經》。《易經》是大道之源、群經之首。

所謂的百家，所謂的儒道佛，只是名字上的差異，其本質上都是一家，那就是《易經》。

不同之處在於他們從不同角度去解釋《易經》。

如果想深入瞭解《易經》，最好先去看《道德經》和《黃帝內經》，這兩本書是對《易經》最好的註解。

那我們就來看看老子的哲學吧，老子的《道德經》就是在解釋陰陽太極圖。

伏羲只是畫了太極八卦，只是一幅圖像。人們感覺很難理解，這東西到底表達什麼意思，該怎麼用呢？

周文王和孔子作《周易》來解釋《易經》，告訴大家《易經》的道理，《周易》名字裡就有「易」，全書都是卦名、卦象、卦辭、爻辭，滿書都是「易」，一看就是在解釋《易經》。

難道《易經》的意思就是《周易》解釋的這樣嗎？

我們說過了，《易經》是開放的，《周易》只是周文王和孔子對《易經》的解釋。

孔子效仿聖人，積極有為，周遊各國，謀求恢復禮制，用仁和禮來治國。

老子和孔子的看法並不相同，在老子看來，孔子所說的聖人有什麼好？禮也不是自然形成的東西，定那麼高的道德標準作什麼？

「聖人不死，大盜不止」「聖人不仁，以百姓為芻狗」「絕聖棄智，民利百倍；絕仁棄義，民復孝慈」。老子的無為而治與孔子的有為而治思想不同，就像陰和陽一樣是對立統一的，是治國理政的兩個方面。

老子《道德經》中的聖人和孔子所說的聖人意思不同。

孔子的聖人就是指周文王、周公，再廣泛點還包括堯、舜、禹。

老子所說的聖人就是掌握道、順應道、具備德的人。

老子用《道德經》來解釋《易經》，但全篇沒有一個字提及《易經》，沒有一個卦名，沒有一個卦象，沒有一句卦辭、爻辭，不露痕跡，卻把太極圖解釋得淋漓盡致，實在是水平高！

老子的《道德經》其實就是在解釋和應用下面這個太極圖。

光看這圖一頭霧水，它代表什麼，又有什麼用？

老子看了太極圖，說這代表道，道就是宇宙運行的規律——天道。

人類呢，也是要順應宇宙的規律。人類社會順應宇宙的規律（天道）就形成人類社會的規律（人道）——人德。

《道德經》就是講兩部分內容，道（自然規律）和德（人類社會規律）。

道是天道，是效法自然的道，而不是人為的。

人為的一切，是與自然相背離的，「人為」兩字合起來就是一個「偽」字。

老子主張順從天道，而摒棄人為，摒棄人性中那些偽的雜質。順從天道，從而與天地相通，人道順從天道就是老子所說的德。

老子看來，真正的生活是自然而然的，因此不需要去教導什麼，不需要去規定什麼，而是要去忘掉什麼，拋卻成見、心機、分別心。

他認為哪裡需要什麼政治宣傳、禮樂教化、仁義勸導。這些都是人為的「偽」，所以要摒棄它。無為就是不違背自然規律，就是不要人為地、不顧自然規律地恣意妄為。

道與德就是老子的核心思想。

一般認為《道德經》全文的 81 篇，前 37 篇是講道的，是《道經》；後 44 篇是講德的，是《德經》。

《道德經》共 81 章。其實《道德經》並不長，全文也就是 5,000 多字，每一段就是一章，總共 81 段。

這正是辯證法的道理，越是長篇大論，內容越少；越是簡單，內容越豐富。

實際上，老子的道和德常常混在一起講，上半段說自然規律——道，下半段就對應說人應該怎麼做——德。

老子的《道德經》同樣是超越時空的，幾千年都綻

放著生命力。在講這部分的時候，我只是把古文寫成淺顯的現代話，其深刻的含義，永遠也寫不完，深層的東西讀者可以慢慢去品味、感悟、領會。

《道德經》從什麼是道、陰陽對立統一、道的運行、如何為道等方面闡釋道；從修身、治國、戰爭、外交等方面闡釋德。

《道德經》本來是沒有小標題的，為了便於讀者理解，我在每一章歸納了一個小標題，編號對應其在《道德經》中的章目。

什麼是道

什麼是道？什麼是太極？宇宙是怎麼形成的？

第一章　玄之又玄的道

道可道也，非恒道也。（道如果可以用語言來表述，非真正意義上的道）

名可名也，非恒名也。（可以明確定義的名，非真正意義上的名）

無名，天地之始也；有名，萬物之母也。（天地的開始是「無」，「有」生成萬物）

故恒無欲也，以觀其眇；（要從「無」中去領悟道的奧妙）

恒有欲也，以觀其所徼。（要從「有」中去體會道的端倪）

兩者同出，異名同謂。（無與有，來源相同而名稱不同）

玄之又玄，眾妙之門。（道很玄妙、深遠的，是洞悉一切奧妙的門徑）

第四章　浩瀚無邊、用之不竭的道

道衝，而用之或不盈。（道好像一個空虛的東西，永遠也用不完）

淵兮！似萬物之宗。（浩瀚無邊啊！像萬物的祖宗）

挫其銳，解其紛，和其光，同其塵。（消磨鋒芒，解脫紛擾，調和光輝，混同塵垢）

湛兮！似或存。（隱沒不見了，但好像又存在）

吾不知誰之子，象帝之先。（我不知「道」是哪裡來的，似乎先於天帝）

第十四章　恍惚的道

視之不見，名曰夷；聽之不聞，名曰希；搏之不得，名曰微。（看不到叫夷，聽不見叫希，摸不到叫微）

此三者，不可致詰，故混而為一。（道的這三個特徵無從考究，是混為一體的）

其上不皦，其下不昧，（道的上面不顯得光明，道的下面也不顯得晦暗）

繩繩兮不可名，復歸於無物。（無頭無虛、延綿不絕，實在沒法下定義，就叫無吧）

是謂無狀之狀，無象之象，是謂恍惚。（道是沒有形狀的形狀，是無形象的形象，道就是似有似無的恍惚）

迎之不見其首，隨之不見其後。（往前追溯看不到開始，往後跟隨找不到盡頭）

執古之道，以御今之有。（把握住早已存在的道，以駕馭今天的物和事）

能知古始，是謂道紀。（認識宇宙的初始，就把握

第二章 老子：天道與人德

住了道的規律)

第二十一章 道的樣子

孔德之容，惟道是從。(德就是道的表現)

道之為物，惟恍惟惚。(道就是似有似無的恍惚樣子)

惚兮恍兮，其中有象；(恍惚卻生成了形象)

恍兮惚兮，其中有物；(恍惚卻生成了萬物)

窈兮冥兮，其中有精；(深遠、幽暗中有精華)

其精甚真，其中有信。(道的精華是真實的，是可以驗證的)

自今及古，其名不去，以閱眾甫。(從現在追溯到上古，道從未失去過，它是萬眾之父)

吾何以知眾甫之狀哉？以此。(我是如何知道萬事萬物之父道的樣子的呢？就是用的這個方法)

第二十五章 道的運行

有物混成，先天地生。(有一個東西混然而成，在天地形成前就已經存在了)

寂兮寥兮，獨立而不改，周行而不殆，可以為天地母。(寂靜空虛，獨立存在永恆不變，周而復始永不衰竭，可以認為是萬物的本原)

吾不知其名，強字之曰道，強為之名曰大。(我不知道它叫什麼名字，給它起一個名字叫道，再勉強起一個名字叫大)

大曰逝，(道廣大無邊而運行不息)

逝曰遠，(運行不息而又延伸深遠)

遠曰反。(延伸深遠而又返回本原)

故道大，天大，地大，人亦大。（因為道的宏大，天、地、人都按照道的規律運作）

域中有四大，而人居其一焉。（人占據四大之一）

人法地，地法天，天法道，道法自然。（人遵循地的規律、地遵循天的規律、天遵循道的規律，道就是自然）

第四十二章　道生萬物

道生一，一生二，二生三，三生萬物。（道是太極、無極，道生陰、陽，陰陽生陰、陽，陰陽混合，陰、陽、陰陽混合生萬物）

萬物負陰而抱陽，衝氣以為和。（萬物都是背陰而向陽的，在陰陽中達到平衡）

人之所惡，唯孤、寡、不谷，而王公以為稱。（人們最厭惡孤、寡、不谷，而王公卻用這些詞來稱呼自己）

故物或損之而益，或益之而損。（萬物因減損反而得到增加，因增加反而得到減損）

陰陽對立統一

第二十二章　不爭，故天下莫能與之爭

曲則全，枉則直，（彎曲就會保全，大的彎曲則像是一條直線）

窪則盈，敝則新，（低窪便會充盈，陳舊便會更新）

少則得，多則惑。（少取便會獲得，貪多就會迷惑）

是以聖人抱一為天下式。（聖人堅守道應對天下萬事萬物）

不自見，故明；（不自持己見反能明白事理）

不自是，故彰；（不自以為是反能彰顯是非）

不自伐，故有功；（不自負蠻干反能獲得成功）

不自矜，故長。（不自高自大反而能做眾人之長）

夫唯不爭，故天下莫能與之爭。（正因為不與人爭，天下反而沒有人能與他爭）

古之所謂「曲則全」者，豈虛言哉？（古人所說的「曲則全」，怎麼會是空話呢？）

誠全而歸之。（是實實在在能夠達到的）

第二十四章　欲速不達

企者不立，跨者不行；（翹起腳跟想要站得更高，反而立不住；邁起大步想要走得更快，反而行不遠）

自見者不明，自是者不彰；（自持成見不能明白事理，自以為是不能彰顯智慧）

自伐者無功，自矜者不長。（自我蠻干只能無功而返，自高自大不能做眾人之長）

其在道也，曰餘食贅形，（這些急躁炫耀的行為用道來看，都是些剩飯贅瘤）

物或惡之，故有道者不處。（這些都是人們厭惡的東西，有道者絕不會這樣做）

第三十六章　柔弱勝剛強

將欲歙之，必固張之；（將要收復的，必是原來擴張過度的）

將欲弱之，必固強之；（將要削弱的，必是原來加強過頭的）

將欲廢之，必固興之；（將要廢除的，必是原來大

興建設的)

將欲取之，必固與之。（將要奪取的，必是原有被迫給予的）

是謂微明。（這是微妙簡明的道理）

柔弱勝剛強。（柔弱勝過剛強）

魚不可脫於淵，國之利器不可以示人。（魚兒離不開水，國家行政法治不可以輕易用來嚇唬人）

第四十章　太極的運動

反者道之動，（物極必反是道運行的規律）

弱者道之用。（削弱強的一方是道的作用）

天下萬物生於有，（天下萬物產生於有形的物質）

有生於無。（有形的物質產生於無形的道）

第四十一章　遵循道才能善始善終

上士聞道，勤而行之；（上士聞聽悟道的方法，努力去實行）

中士聞道，若存若亡；（中士聞聽悟道的方法，半信半疑）

下士聞道，大笑之。（下士聞聽悟道的方法，嗤之以鼻哈哈嘲笑）

不笑不足以為道。（這種人不笑不足以證明大道的可貴）

故建言有之：（古時有這樣的話）

明道若昧，（光明的道好似昧暗）

進道若退，（前進的道好似後退）

夷道若纇。（平坦的道好似崎嶇）

上德若谷，廣德若不足，（崇高的德好似虛谷，廣

大的德好似不足)

建德若偷,質真若渝。(修德的過程好似偷懶怠惰,質樸純真好似沒有開化)

大白若辱,大方無隅,(最潔白的好似有瑕疵,最方正的好似沒有棱角)

大器晚成,大音希聲,(貴重的器皿成型於精細的雕琢,最大的聲響反而無聲無息)

大象無形,道隱無名。(最大的形象是沒有形狀,道幽靜隱蔽而無聲無名)

夫唯道,善貸且成。(只有遵循道,才能善始善終達到成功)

第四十五章　清靜無為

大成若缺,其用不弊。(最完滿的東西好似欠缺,但它的作用永不衰竭)

大盈若沖,其用不窮。(最充盈的東西好似空虛,但它的作用永無窮盡)

大直若屈,(最正直的東西似有彎曲)

大巧若拙,(最靈巧的東西好似笨拙)

大辯若訥。(卓越的辯才看起來木訥)

靜勝躁,寒勝熱。(寧靜克服干擾,寒冷克服燠熱)

清靜為天下正。(清靜無為是天下正道)

第八十一章　為而不爭

信言不美,美言不信。(可信的不動聽,動聽的不可信)

善者不辯,辯者不善。(善表達的不說巧話,說巧話的不善於表達)

知者不博，博者不知。（知識淵博的不賣弄，賣弄的都是沒知識的）

聖人不積，（有道的人不存獨占之心）

既以為人己愈有，（盡全力幫助他人，自己也更充足）

既以與人己愈多。（盡全力扶持他人，自己也更豐富）。

天之道，利而不害；（自然規律就是利萬物而不妨害萬物）

聖人之道，為而不爭。（有道的人不與民爭利）

什麼是德

第五十一章　滋養而不主宰

道生之，德畜之，物形之，勢成之。（道生成萬物，德養育萬物，萬物形成，力量增強）

是以萬物莫不尊道而貴德。（萬物都尊崇大道而且珍貴大德）

道之尊，德之貴，夫莫之命而常自然。（尊道貴德不是人的命令，而是自然的規律）

故道生之，德畜之；長之育之；成之熟之；養之覆之。（道生萬物、德育萬物，道德使萬物生長、成熟，受到撫養、保護）

生而不有，為而不恃，長而不宰。（生育萬物而不占為己有，無所不為而不自恃有功，引領萬物而不主宰）

是謂玄德。（這就是恩澤天下最好的道德，即下文所說的上德）

第二章 老子：天道與人德

第三十八章 處實去華

上德不德，是以有德；（具備上德的人不會滿口仁義道德，是真正的有德的表現）

下德不失德，是以無德。（具備下德的人時時處處講道德，是沒有道德的表現）

上德無為而無以為；（得道者順應規律而無心作為）

下德無為而有以為。（崇尚德的人，順應規律而有意作為）

上仁為之而無以為；（崇尚仁的人，不顧規律而不自覺作為）

上義為之而有以為。（崇尚義的人，不顧規律而有意作為）

上禮為之而莫之應，則攘臂而扔之。（崇尚禮的人，要是沒人回應他，就恨不得抓住胳臂使人強從）

故失道而後德，失德而後仁，失仁而後義，失義而後禮。（道是最高層次的、禮是最低層次的；無道才會講德，無德才會講仁，無仁才會講義，無義才會講禮）

夫禮者，忠信之薄，而亂之首。（禮是忠信不足的表現，是禍亂的開端）

前識者，道之華，而愚之始。（能預測未來的人，不過是道的虛華，愚昧的開始）

是以大丈夫處其厚，不居其薄；（因此大丈夫立身要敦厚淳樸，不能夠忠信淺薄）

處其實，不居其華。故去彼取此。（所以要採取樸實而摒棄虛華）

第七十七章 天道人道

天之道，其猶張弓與？（自然的規律，不就像張弓

射箭嗎？）

高者抑之，下者舉之；（弦拉高了就壓低一些，壓低了就抬高一些）

有餘者損之，不足者補之。（弦拉的太滿了就放松一點，拉的不足就補充力量）

天之道，損有餘而補不足。（自然的規律是減少有餘的，補給不足的人）

人之道，則不然，損不足以奉有餘。（人類社會的規律則不同，是要減少不足的，來奉獻給有餘的人）

孰能有餘以奉天下，唯有道者。（誰能夠減少有餘的，補給天下不足的人呢？唯有得道的人）

是以聖人為而不恃，功成而不處，其不欲見賢。（有道的聖人有所作為而不佔有，有所成就而不居功，他不希望成為聖賢）

☯ 如何為道

第四十八章　為道日損

為學日益，為道日損。（學習是日漸累積的過程，求道是日漸淡忘的過程）

損之又損，以至於無為。（減少又減少，最後達到無為的境界）

無為而無不為。（因為不妄為而有所作為）

取天下常以無事，（治理天下的人要以不騷擾人民為本）

及其有事，不足以取天下。（如果用苛刻繁雜政令擾害民眾，就不配治理天下）

第二章 老子：天道與人德

第五十二章　不被慾望蒙蔽大道

天下有始，以為天下母。（天地萬物都有起始，這個起始就是道）

既得其母，以知其子，（通過道來認識道產生出的萬物）

既知其子，復守其母，（通過對萬物的認識再來印證道）

沒身不殆。（這樣做就會萬無一失）

塞其兌，閉其門，終身不勤。（堵塞感官之竅，封閉慾望之門，終生不會煩擾）

開其兌，濟其事，終身不救。（開啟慾望之門，增添紛擾之事，那就不可救藥）

見小曰明，守柔曰強。（能觀察到細微的是聖明，能保持柔和的是堅強）

用其光，復歸其明，（用道的光，讓自己歸於賢明）

無遺身殃，是為襲常。（就不會給自己帶來災難，這就是承襲大道）

第六十七章　我有三寶

天下皆謂我道大，似不肖。（天下都說道廣大，不像任何東西的樣子）

夫唯大，故似不肖。（正是因為它的廣大，所以才不像任何東西）

若肖，久矣其細也夫！（道若是像某一個具體的東西，那麼道就不是道，只是細節末節）

我有三寶，持而保之。（我們有三件法寶堅守、保持著）

一曰慈，二曰儉，三曰不敢為天下先。（慈愛、儉

樸、不敢獨占功勞）

慈故能勇；（有慈愛之心才能激發勇敢的鬥志）

儉故能廣；（有儉樸行為才能產生廣大的美德）

不敢為天下先，故能成器長。（不敢獨占功勞，才能成為人們器重的首領）

今舍慈且勇；舍儉且廣；舍後且先；死矣！（現在捨棄慈愛去追求勇武，捨棄儉樸去追求美德，捨棄求實而去沽名釣譽，這是沒有出路的）

夫慈以戰則勝，以守則固。（以慈愛之心，出戰則必勝，防守則固若金湯）

天將救之，以慈衛之。（天要救助誰，必以慈愛來衛護他）

☯ 修養身性

第二章　矛盾世界無為對待

天下皆知美之為美，斯惡已。（天下皆知美之所以為美，是因為有醜陋的存在）

皆知善之為善，斯不善已。（天下皆知善之所以為善，是因為有不善的存在）

有無相生，難易相成，長短相形，高下相盈，音聲相和，前後相隨。

恒也。（這是永恆的規律）

是以聖人處無為之事，行不言之教；（有道的人用無為的思想行事，用不言的方式施教）

萬物作而弗始，生而弗有，（順應萬物的發展規律而不橫加干涉，生養萬物而不據為己有）

為而弗恃，功成而不居。（有所作為而不施加個人

的意志，成就功業而不自居）

夫唯弗居，是以不去。（因為不居功，所以也無所謂失去）

第十三章　貴身

寵辱若驚，貴大患若身。（受到寵愛或侮辱都會驚慌，把榮辱這樣的大患看的和身體一樣重要）

何謂寵辱若驚？

寵為下，得之若驚，失之若驚，是謂寵辱若驚。（寵愛是卑下的，得到寵愛就十分驚喜，失去寵愛就格外驚恐）

何謂貴大患若身？

吾所以有大患者，為吾有身，（我患得患失，是因為我有身體）

及吾無身，吾有何患？（如果我沒有身體，我何必患得患失呢？）

故貴以身為天下者，若可寄天下；（以珍貴身體的態度治理天下，天下才可以交寄給他）

愛以身為天下者，若可托天下。（以愛惜身體的觀念治理天下，天下才可以托付給他）

第三十三章　自知

知人者智，自知者明。

勝人者有力，自勝者強。

知足者富。

強行者有志。（克服困境勇敢前行的人有志氣）

不失其所者久。（不迷失方向的人能夠長久）

死而不亡者壽。（人雖死而精神永存的才叫長壽）

第四十四章　知足、知止

名與身孰親？（名聲與生命哪一樣更親切）

身與貨孰多？（生命與貨利哪一樣更貴重）

得與亡孰病？（貪圖名利與放棄生命哪樣是病態）

甚愛必大費；多藏必厚亡。（過分貪愛名利必定大費其神，過分收斂財物必定大傷其身）

故知足不辱，知止不殆，可以長久。（懂得滿足才不會受辱，適可而止便不會遭殃）

第五十四章　修身齊家治國平天下

善建者不拔，（善於建立德性的人堅毅不拔）

善抱者不脫，（善於抱持大道的人永不松脫）

子孫以祭祀不輟。（成為子孫不斷祭祀效仿的榜樣）

修之於身，其德乃真；（把這個道理用來修身，德性就會真實純真）

修之於家，其德乃餘；（把這個道理用到家庭，德性就會充實有餘）

修之於鄉，其德乃長；（用這個道理建設家鄉，德性就會長久傳頌）

修之於邦，其德乃豐；（用這個道理治理邦國，德性就會豐富盈滿）

修之於天下，其德乃普。（把這個道理付諸天下，德性就會普照萬物）

故以身觀身，以家觀家，以鄉觀鄉，以邦觀邦，以天下觀天下。（所以從一個人的身上可以觀察一個人的德行，從一個家庭、鄉、國家、天下的德性可以瞭解這個家庭、鄉、國家、天下的情形）

吾何以知天下然哉？以此。（我是怎麼知道天下的情況就是如此的呢，就是用以上的方法推斷的）

☯ 治國

第三章　不妄為

不尚賢，使民不爭；（不刻意招賢，使民眾不去爭名）

不貴難得之貨，使民不為盜；（不稀罕難得之貨，使民眾不去偷盜）

不見可欲，使民心不亂。（不顯耀引起貪欲的事物，使民心不被迷亂）

是以聖人之治，（有道的人是這樣治理的）

虛其心，實其腹，（排空民眾的心機，填飽他們的肚子）

弱其志，強其骨。（減弱民眾的競爭意志，增強他們的筋骨體魄）

常使民無知無欲。（使民眾沒有野心、心機、智巧，沒有貪欲）

使夫智者不敢為也。（讓那些有才能的人也不敢妄為造事）

為無為，則無不治。（以無為的方式去治理國家，沒有治理不好的）

第五章　守中

天地不仁，以萬物為芻狗；（天地是無所謂仁義、仁慈的，任憑萬物像草狗那樣自生自滅）

聖人不仁，以百姓為芻狗。（聖人也是沒有仁愛的，

像對待草狗一樣對待百姓，任憑百姓自作自息）

天地之間，其猶橐籥乎？（天地之間不就像個大風箱一樣嗎？）

虛而不屈，動而愈出。（虛空但沒有窮盡，越鼓動風就越多）

多言數窮，不如守中。（政令繁多卻更加行不通，不如順其自然、保持虛靜）

第十七章　無為而治

太上，不知有之；（最好的統治者，人民並不知道他的存在）

其次，親而譽之；（其次的，人民親近並且讚美他）

其次，畏之；（再次的，人民畏懼他）

其次，侮之。（更次的，人民輕蔑他）

信不足焉，有不信焉。（統治者的威信不足，人民就不相信他）

悠兮，其貴言。（統治者很悠閒，不隨意發號政令）

功成事遂，百姓皆謂：「我自然。」（那樣治理就成功了，老百姓都說：「我們本來就是這樣的。」）

第十八章　大道廢有仁義

大道廢，有仁義；（大道被廢棄了，才會提倡仁義）

智慧出，有大偽；（心機智巧出現了，偽詐才會盛行）

六親不和，有孝慈；（家庭不和睦，才需要彰顯慈孝）

國家昏亂，有忠臣。（國家陷於混亂，然後才出現忠臣）

第二章　老子：天道與人德

第十九章　守道無憂

絕聖棄智，民利百倍；（拋棄心機、智巧，人民可以獲得百倍的利益）

絕仁棄義，民復孝慈；（拋棄仁義，人民自然能恢復忠孝仁慈之心）

絕巧棄利，盜賊無有。（拋棄巧詐和名利，盜賊也就沒有了）

此三者以為文不足，故令有所屬；（上面三種做法是遠遠不夠的，還要讓心有所屬）

見素抱樸，少思寡欲，絕學無憂。（保持純樸的心態，減少私欲和貪婪，拋棄浮華的禮法，就可以快樂無憂）

第五十八章　淳樸親民

其政悶悶，其民淳淳；（政治清明寬厚，人民就淳樸和睦）

其政察察，其民缺缺。（政策黑暗苛刻，人民狡黠、抱怨）

禍兮福所倚；福兮禍所伏。（災禍中倚藏著福祉，福祉中潛伏著災禍）

孰知其極？其無正邪。（誰能明白到底是福是禍呢？並沒有確定的標準）

正復為奇？善復為妖？（正為何會變為邪？善為何會變為惡？）

人之迷，其日固久。（人們的迷惑，由來已久了）

是以聖人方而不割，廉而不劌，（有道的人方正而不生硬，銳利而不傷人）

直而不肆,光而不耀。(直爽而不放肆,光明而不炫耀)

第六十章　治大國如烹小鮮

治大國,若烹小鮮。(治理大國就像烹飪鮮美的小魚)

以道莅天下,其鬼不神。(以這個道理治理天下,鬼怪就不靈驗了)

非其鬼不神,其神不傷人。(不是鬼怪不顯靈了,就是顯靈也不會傷害人)

非其神不傷人,聖人亦不傷人。(不但鬼怪不傷害人,有道的聖人也不傷害人)

夫兩不相傷,故德交歸焉。(雙方和睦兩不相傷,人們就能享受到德的恩澤)

第六十五章　不以智巧治國

古之善為道者,非以明民,將以愚之。(古代善於為道的統治者,不用巧智詭詐來治理民眾,而是用敦厚樸實來教導民眾)

民之難治,以其智多。(民眾難以治理,是因為他們看穿了統治者的巧智詭詐)

故以智治國,國之賊;(所以採用巧智詭詐來治理國家,就會危害國家)

不以智治國,國之福。(不以巧智詭詐來治理國家,才是國家的幸福)

知此兩者,亦稽式。(知道了這兩種治理國家的方式,也就能比較出哪種治理模式才是楷模)

常知稽式,是謂玄德。(知道以道德治國的楷模方

式,就是最好的德)

玄德深矣,遠矣,與物反矣,然後乃至大順。(大道的德性無比深遠啊!與萬物一道返璞歸真,這才能順乎自然)

第七十五章　厚民生

民之饑,以其上食稅之多,是以饑。(民眾饑餓是統治者吞食的稅賦太多)

民之難治,以其上之有為,是以難治。(民眾之所以難以治理,是因為統治者想要有所作為,制定了繁多、苛刻的政令)

民之輕死,以其上求生之厚,是以輕死。(民眾之所以不怕死,是因為統治者的生活太奢侈)

夫唯無以生為者,是賢於貴生。(只有不看重自己生命的人,才比過於看重自己生命的人賢明)

戰爭與外交

第三十章　不以兵強天下

以道佐人主者,不以兵強天下。其事好還。(用道來輔佐君主,不以武力逞強於天下,這樣才會有好報應)

師之所處,荊棘生焉。(軍隊所到的地方,田地荒蕪雜草叢生)

大軍之後,必有凶年。(大戰之後,一定會出現荒年)

善者果而已,不敢以取強。(善於用兵的人,只要達到目的就行了,不能去逞強好戰)

果而勿矜，果而勿伐，果而勿驕。（達到目的了也不要自誇、妄為、驕傲）

果而不得已，果而勿強。（要認為戰爭是為了達到目的不得已而為，不是用來逞強的）

物壯則老，是謂不道，不道早已。（事物過於強大就開始衰弱，說明它不符合道，不符合道就會很快衰亡）

第六十八章　不爭之德

善為士者，不武；（善於帶兵者不逞其勇武）

善戰者，不怒；（善於作戰者不輕易動怒）

善勝敵者，不與；（善勝敵人者知道避敵鋒芒）

善用人者，為之下。（善用人才者態度平和謙下）

是謂不爭之德，是謂用人之力，是謂配天，古之極。（這就是不爭的美德，這就是用人的智慧，這就是順應天道，是自古以來最高的境界）

第六十九章　哀兵必勝

用兵有言：（用兵打仗有這樣的說法）

吾不敢為主，而為客；（我不敢輕易主動進犯，而採取守勢）

不敢進寸，而退尺。（不敢輕易向對方的陣地推進一寸，寧可退讓一尺）

是謂行無行；攘無臂；（這就是行動無痕跡，出拳不露臂）

扔無敵；執無兵。（要制服對方卻像沒有敵人可打一樣，要殺敵卻不顯露兵力）

禍莫大於輕敵，輕敵幾喪吾寶。（災禍的到來莫過於輕視敵人，輕敵幾乎是因為喪失了我的三寶：慈、

儉、不敢為天下先)

故抗兵相若,哀者勝矣。(所以實力相當的兩軍對峙時,哀兵必勝)

第六十一章 大邦者下流

大邦者下流,(大國要像居於江河下游一樣,使百川在這裡交匯)

天下之牝,天下之交也。(天下萬物的雌性能引來天下萬物的雄性與之交合)

牝常以靜勝牡,以靜為下。(雌性常以恬靜勝過雄強,以靜居於下游)

故大邦以下小邦,則取小邦;(大國對小國隨和謙下,就可以獲取小國的信賴)

小邦以下大邦,則取大邦。(小國對大國隨和謙下,就可以獲取大國的信賴)

故或下以取,或下而取。(因此,可以用隨和謙下贏得或者換取信賴)

大邦不過欲兼畜人,(大國不要過分到想兼併小國)

小邦不過欲入事人。(小國不要過分到想侍奉大國)

夫兩者各得所欲,大者宜為下。(如果想要兩者各得其所,大國更應該謙和忍讓)

第三章

莊子：逍遙與齊物

莊子

☯ 逍遙遊

莊子繼承和發展了老子道法自然的思想，與老子並稱「道家之祖」。

莊子的特色與諸子不同，大量應用寓言，通過寓言講道理，十分生動有趣。

莊子的行文汪洋恣肆、氣勢壯闊、瑰麗詭譎，那種宏大的宇宙觀和豐富的想像力，是中國浪漫主義的源泉。

《莊子》共三十三篇。其中，內篇七篇，外篇十五篇，雜篇十一篇。

內篇的《逍遙遊》《齊物論》《養生主》和《大宗師》集中反應了莊子的哲學思想。

逍遙遊的意思是悠然自得、無拘無束、自由自在地活動。

莊子用四則寓言來說明逍遙遊。《鯤鵬展翅》表達逍遙遊的高遠境界；《許由不受天下》表達無功無名才能達到逍遙；《姑射山神人》說明至人無己；《大葫蘆無用》說明無用所以逍遙。

☯ 鯤鵬展翅

遙遠北方，不見太陽，天黑水暗，叫作北冥。
北冥有魚，名鯤。從頭到尾幾千里長，沒法丈量。
鯤變成鳥，名鵬。背脊就有幾千里長，沒法丈量。
鵬努力飛起來，翅膀大的好像天空中的雲。
鵬平時浮遊海上，每到海水洄流成大漩之年，便要

憑藉水勢升空，遷飛到南冥去。

南冥在遙遠南方，不見太陽，天黑水暗，和北冥一樣也是海洋。

鵬鳥要飛到南冥去，必須用翅膀拍擊水面激起三千里的波濤，借助海面上急驟的狂風盤旋衝上九萬里高空，然後才能離開北方的大海。

接下來再用了六個月的時間飛行到達南冥，方才可以停歇。

寒蟬與小灰雀嘲笑鯤鵬：那家伙那麼辛苦飛去南冥要幹什麼？鵬這麼辛勞的活法也算自由自在嗎？也算是逍遙嗎？還不如我們在林間飛來飛去舒服，我們才不去海上起飛，只想從地面起飛，碰到樹枝就落在地上休息。就算飛去南方，也沒必要上升到九萬里的高空而向南飛吧？

其實，風薄了浮不起大鳥，必須升到九萬里的高空，風才夠厚，才能承受鵬的體重。

到迷茫的郊野去，帶上三餐就可以往返；到百里之外去，要用一整夜時間準備干糧；到千里之外去，三個月以前就要準備糧食。

寒蟬和灰雀這兩個小東西懂得什麼！小聰明趕不上大智慧，壽命短比不上壽命長。

清晨的菌類不會懂得什麼是晦朔，寒蟬也不會懂得什麼是春秋，這就是短壽。

楚國南邊有叫冥靈的大龜，它把五百年當作春，把五百年當作秋；上古有叫大椿的古樹，它把八千年當作春，把八千年當作秋，這就是長壽。

逍遙這種高遠的境界，燕雀是無法理解的。

☯ 許由不受天下

堯打算把天下讓給許由，道：「太陽和月亮都已升起來了，可是小小的炬火還在燃燒不熄；它要跟太陽和月亮的光亮相比，不是很難嗎？季雨及時降落了，可是還在不停地澆水灌地；如此費力的人工灌溉對於整個大地的潤澤，不顯得徒勞嗎？先生如能居於國君之位天下一定會獲得大治，可是我還空居其位；我自己越看越覺得能力不夠，請允許我把天下交給你。」

許由回答：「你治理天下，天下已經獲得了大治，而我卻還要去替代你，我是為了名聲嗎？名聲是實幹所派生出來的次要東西，你要我去追求這次要的東西嗎？鷦鷯在森林中築巢，不過占用一棵樹枝；鼴鼠到大河邊飲水，不過喝滿肚子。你還是打消念頭回去吧，天下對於我來說沒有什麼用處啊！廚師即使不下廚，祭祀的人也不會越俎代庖的！」

☯ 姑射山神人

肩吾向連叔求教：「我聽說在遙遠的姑射山上，住著一位神人，皮膚潤白像冰雪，體態柔美如處女，不食五穀，吸清風飲甘露，乘雲氣駕飛龍，遨遊於四海之外。他的神情那麼專注，使得世間萬物不受病害，年年五穀豐登。但我認為這個傳言完全是胡說八道，哪裡有什麼神人，一點也不可信！」

連叔聽後說：「是呀！沒法同瞎子欣賞花紋和色彩，沒法同聾子聆聽鐘鼓的樂聲。難道只是身體上有聾與瞎

嗎？思想上也有聾和瞎啊！那位神人的德行，與萬事萬物混同一起，以此求得整個天下的治理，誰還會忙忙碌碌把管理天下當成回事！那樣的神人，外物沒有什麼能傷害他，滔天的大水不能淹沒他，天下大旱使金石熔化、土山焦裂，他也不會感到灼熱。他所留下的塵埃以及瘪穀、糠麩之類的廢物，也可造就出堯舜那樣的聖賢人君來，他怎麼會把忙著管理萬物當作己任呢！」

☯ 大葫蘆無用

梁國的惠施（惠子）是名家的代表，善於辯論。惠施是莊子的朋友，他做了大官，認為莊子說的全是大話空話，沒什麼用處，想在聊天中通過無用的葫蘆來點撥一下莊子。

惠子說：「魏王送給我大葫蘆種子，我將它培植起來後，結出的果實有五石容積。用大葫蘆去盛水漿，可是它不夠堅固，不能承受住水的重量。把它剖開做瓢也太大了，舀水、舀酒、舀湯都用不著那麼大呀。這個葫蘆大是大，但沒什麼用，我想砸爛它。」

莊子說：「先生實在是不善於使用大東西啊！宋國有一善於調制不皸手藥物的人家，世世代代以漂洗絲絮為職業。有個遊客聽說了這件事，願意用百金的高價收買他的藥方。全家人聚集在一起商量：我們世世代代在河水裡漂洗絲絮，所得不過數金，如今一下子就可賣得百金。還是把藥方賣給他吧。遊客得到藥方，來遊說吳王讓軍隊使用此藥。正巧越國發難，吳王派他統率部隊，冬天跟越軍在水上交戰，大敗越軍，吳王割割土地封賞他。能使手不皸裂，藥方是同樣的，有的人用它來

獲得封賞，有的人卻只能靠它在水中漂洗絲絮，只是使用的方法不同，卻得到不同的結果。如今你有五石容積的大葫蘆，怎麼不用它來製成腰舟，而浮遊於江湖之上，卻擔憂葫蘆太大無處可用？看來惠子你是不開竅啊！」

《齊物論》認為世界萬物，包括人類社會，以及人的性情，看起來是千差萬別，歸根究柢卻又是齊一的，並沒有不同；人們的各種看法和觀點，看起來也是千差萬別的，但歸根究柢也應是齊一的，並沒有區別。

莊子用《莊周夢蝶》和《影子之惑》來說明齊物我；用《大言不辯》來說明齊是非；用《齊萬物》來說明莫要強作分別。

☯ 莊周夢蝶

莊周夢見自己變成蝴蝶，欣然自得地飛舞著，感到多麼愉快和愜意啊！不知道自己原本是莊周。突然間醒來，驚惶不定之間方知原來自己是莊周。不知是莊周夢中變成蝴蝶呢，還是蝴蝶夢見自己變成莊周呢？莊周啊，蝴蝶啊，到底誰是我呢？

☯ 影子之惑

人在光下會有影子，叫本影。

本影的輪廓周圍有窄窄的一帶，若暗若明、半陰半陽的微影，叫魍魎。

本影隨著人動，微影又跟著本影動。

微影說：「我的主人本影啊，你一會走一會停，一

會坐一會站。你緊緊地跟著你的主人,難道你沒有半點自主性嗎?」

本影說:「你以為我想自主就能自主嗎?你以為我想幹什麼就幹什麼嗎?你當我心甘情願做蛇的皮、做蟬的殼,緊緊依附他嗎?但是為什麼會依附他,為什麼不能獨立,我也不知道呀!」

本影的主人是你的身軀。

身軀的主人是你的心靈。

心靈也有主人,那就是外界的召喚。

外界的每一召喚又受制於另一不可知的因素。

一個受制於一個,可以推演到無窮。這鏈條的終端,永不可知,本影和微影又怎麼會知道呢。

☯ 大言不辯

瞿鵲子問長梧子:「諸子認為,聖人不做瑣細的事情,不追逐私利,不迴避災害,不貪婪,不循規蹈矩,從而遨遊於世俗之外。孔子認為這話輕率不妥當,但我卻認為是非常精妙的道理。你怎麼看呢?」

長梧子說:「這些話黃帝也會疑惑不解的,而孔丘怎麼能夠知曉呢!而且你也謀慮得太早,就好像見到雞蛋便想立即得到報曉的公雞,見到蛋便想立即獲取烤熟的斑鳩肉。別人胡亂說,你就胡亂聽。為什麼不依傍日月,懷藏宇宙?跟萬物合為一體,置各種混亂紛爭於不顧,把卑賤與尊貴都等同起來呢?

「人們總是一心忙於去爭辯是非。

「有道的人卻看起來十分愚昧無所覺察,但他們糅合古往今來多少變異、沉浮,自身渾然一體不為紛雜錯

異所困擾。

「萬物全都是這樣，相互蘊積於渾樸而又精純的狀態之中。

「麗姬是艾地封疆守土之人的女兒，晉國徵伐麗戎時俘獲了她，她當時哭得淚水浸透了衣襟；等她到晉國進入王宮，跟晉侯同睡一床而寵為夫人，吃上美味珍饈，也就後悔當初不該那麼傷心地哭泣了。

「睡夢裡飲酒作樂的人，天亮醒來後很可能痛哭飲泣；睡夢中痛哭飲泣的人，天亮醒來後又可能在歡快地逐圍打獵。

「正當他在做夢的時候，他並不知道自己是在做夢。

「人在最為清醒的時候方才知道他自身也是一場大夢，而愚昧的人則自以為清醒，好像什麼都知曉，什麼都明了。

「君尊牧卑，這種看法實在是淺薄鄙陋呀！孔丘和你都是在做夢，我說你們在做夢，其實我也在做夢。

「我講的這番話很奇特和怪異吧？但也只是偶爾遇到有道的人，才能說出這樣的道理！

「如果我和你辯論，你贏了，我輸了。那麼，你果真對，我果真錯嗎？我贏了，你輸了。我果真對，你果真錯嗎？

「結果無非就是幾種情況：我們兩人都是正確的，我們兩人都不正確，我們兩人一人正確一人錯誤。

「但正確和錯誤又是誰來判定的呢？

「讓觀點跟你相同的人來判定嗎？既然看法跟你相同，怎麼能做出公正的評判？

「讓觀點跟我相同的人來判定嗎？既然看法跟我相同，怎麼能做出公正的評判？

「讓觀點不同於我和你的人來判定嗎？既然看法不同於我和你，怎麼能做出公正的評判？

「讓觀點跟我和你都相同的人來判定嗎？既然看法跟我和你都相同，又怎麼能做出公正的評判？」

瞿鵲問：「那神仙總能判定吧？」

長梧子說：「神仙呀！氣溫高到森林燃成炭爐，他也不熱。氣溫降到江河凍成冰川，他也不冷。猛雷炸得山崩，暴風掀得海嘯，他連眼睛也不眨一下。他乘雲駕風，登日上月，巡遊在人類世界之外。死生、是非、利害問題，人類才有，對他而言，這些都不是問題，他也從未想過呢！

「是非從來沒有界線，言論也從來沒有過標準，所謂的正確和標準也只是站在各自的角度看問題。

「有道的人雖然對事情細加研究，卻不隨意評說。有道的人對善於治理社會的前代君王們雖然評說卻不爭辯。

「要知道，分別就因為不能分別的存在，爭辯是因為不能辯駁的存在。」

瞿鵲問：「這是為什麼呢？」

長梧子說：「有道的人把事物都囊括於胸、容藏於己，而一般人則爭辯不休誇耀於外。且凡爭辯，總因為有自己所看不見的一面。

「真理是不必宣揚的，最了不起的辯說是不必言說的，最具仁愛的人是不必向人表示仁愛的，最廉潔方正的人是不必表示謙讓的，最勇敢的人是從不傷害他人的。

「真理完全表露於外那就不算是真理，因為言辭總有表達不到的地方，仁愛之心經常流露反而成就不了仁

愛，廉潔到清白的極點反而不太真實，勇敢到隨處傷人也就不能成為真正勇敢的人。

「懂得停止於自己所不知道的境域，那就是真正的明智。」

大言不辯，說正確就忽視了錯誤的一面，說錯誤就忽視了正確的一面，正確與錯誤是一體的，是與非是一體的，是非是統一的，這就是齊是非。

☯ 齊萬物

弟子問莊子：「人與天地相比，誰大誰小，誰貴誰賤？」

莊子：「人成形於天地，受氣於陰陽，立於天地之間，猶如小石小木之在大山一般，實在太渺小了，又憑什麼自尊自大？人與萬物相比，不似毫毛之在馬體乎？」

弟子若有所悟：「先生的意思是山外有山，天外有天嗎？」

莊子：「差不多。」

弟子：「那就是天地為大，毫末為小，對嗎？」

莊子：「不對！每一個東西，度量上講都無法窮盡，時間上都無休無止；可以無限地分割下去，來無始，去無終。

「應該這樣看待：小不是少，大不是多，大和小在量上都是無窮的，大和小在時間上都是無起止的。

「得道的人明白天道有盈虛消長、得失存亡，故得而不喜，失而不憂。

「得道的人明白天道坦蕩，故生而不悅，死而無憾，知終始之變化也。

「計人之所知的東西，遠不如其所不知的東西多；其生之時，不如其未生之時長久。

「由此看來，怎麼就說毫末就足以定為是至小至細的呢？又怎能說天地就是無窮至大的呢？」」

弟子：「大中有小，不要以大為大；小中有大，不要以小為小。是這個意思嗎？」

莊子：「大上有大，小下有小。大無窮，小亦無窮。這樣才確切！」

弟子：「裡裡外外都無窮，那還怎麼分別貴賤，怎樣區分小大？」

莊子：「以道來看，萬物無貴無賤；以物來看，自貴而相賤；以世俗觀點來看，貴賤不在自己本身，都以外在的榮辱毀譽作標準。

「以外在的差別去看，因其所大而大之，則萬物莫不大；因其所小而小之，則萬物莫不小。

「如果懂得天地如同粒米，毫末如同山丘，則無所謂大小之別了。

「古時候堯、舜相禪讓而稱帝，但子之與燕王噲相禪讓而亡國；商湯王、周武王相爭而稱帝，但白公爭奪王位卻自取滅亡。

「這樣看來，爭讓之禮也是貴賤有時，不一定常貴常賤。

「大柱可以撞破城門卻不能塞住洞口，因為用途不同；騏驥一日奔馳千里，捕鼠不如貓，因為技能有差別；貓頭鷹夜能抓鼠，明察毫末，但白天即使雙目圓睜卻不見丘山，因為性能有限。

「帝王禪接有不同的方式，或同姓相傳，或傳給他姓；三代間繼承的方式也不同，或父子相繼，或興兵

討伐。

「但如不合時宜,有背世俗,則稱之為篡權奪位。如合其時,順其俗,則稱之為替天行道。

「可見貴賤有時,不由自主也。」

「養生主」意思是養生的要領。養生之道重在順應自然,堵住貪欲,不為外物所滯。這裡用《中正之路》《庖丁解牛》《自由之龜》《大知與小知》《無用之用》來表述。

☯ 中正之路

人們的生命是有限的,而知識卻是無限的。

以有限的生命去追求無限的知識,勢必體乏神傷,既然如此還在不停地追求知識,那可真是十分危險的了!

做事而不去貪圖名聲,遵從自然的中正之路。

事物本沒有功名,把不貪功、不貪名作為順應事物的常法,就可以護衛身體,就可以保全天性,就可以不給父母留下憂患,就可以終享天年。

☯ 庖丁解牛

廚師庖丁宰殺牛牲,快速進刀唰唰有聲,美妙動聽。

文惠君看了:「真妙呀!你的解牛技術怎麼會如此高超呢?」

庖丁放下刀回答:「我喜歡摸索事物的規律。剛開始分解牛體的時候,我看見的都是一頭頭完整的牛。幾

年之後，就再也看不到完整的牛了。現在，我只用心神去接觸而不必用眼睛去觀察，依照牛體自然的生理結構，順著肌肉骨骼間的縫隙去解剖，就連經絡結聚的部位和骨肉緊密連接的地方都不會觸碰到，何況那些大骨頭呢！

「優秀的廚師一年更換一把刀，因為他們是在用刀割肉；普通的廚師一個月換一把刀，因為他們是在用刀砍骨頭。

「如今我使用的這把刀已經十九年了，所宰殺的牛牲上千頭了，我的刀在牛的骨節乃至各個組合部位之間的空隙裡回旋，實在是綽綽有餘，所以刀刃鋒利的就像剛從磨刀石上磨過一樣。」

牛體霍霍地全部分解開來，就像是一堆爛泥堆放在地上。

文惠君說：「奇妙呀！我從中得到養生的道理了，就是要順應規律！」

自由之龜

一天，莊子正在渦水垂釣。

楚王委派的二位大夫前來聘請他：「吾王久聞先生賢名，欲以國事相累。深望先生欣然出山，上以為君王分憂，下以為黎民謀福。」

莊子持竿不顧，淡然說道：「我聽說楚國有只神龜，被殺死時已三千歲了。楚王珍藏之以竹箱，覆之以錦緞，供奉在廟堂之上。請問二大夫，此龜是寧願死後留骨而貴，還是寧願生時在泥水中潛行曳尾呢？」

二大夫：「自然是願活著在泥水中搖尾而行啦！」

莊子：「二位大夫請回去吧！我也願在泥水中曳尾而行呢！」

☯ 大知與小知

人有大智慧與小聰明。

大知者守道、閒散、平淡、沒有成見，予人方便。

小知者善辯、急躁、功利、是非分明，整天盤算。

小知者說話就好像利箭離弓，快速又尖刻，把自己的是非觀念作為誓言忠誠不渝，為了實現自己的目標，日日盤算、夜夜不眠、整日辯論、疲憊不堪。一覺醒來，振作精神，又去聯合這個，攻擊那個，挖空心思去奮鬥。

小知者費盡心機去審時度勢、迎合奉承、挖掘需要，不斷調整拼搏方式：有時正面迎擊對手；有時委曲求全，做縮頭作龜；有時潛入暗地，設計陰謀。即便是不擇手段地得到了自己想要的，又害怕不已，怕風吹草動、怕風聲鶴唳。

可憐的小知者，就這樣日夜的自我戕害，輸掉青春、浪費生命，身體瘦成寒秋的黃葉，頭頂枯萎成嚴冬的禿枝。

他們在人生戰場上拼命鬥狠，竭盡所能填滿自己的欲壑，而且愈老愈貪，肚子快要撐破，也不捨得拉出一點點來。

小知者欣喜、憤怒、悲哀、歡樂，他們憂思、嘆惋、反覆、恐懼，他們造姿作態、善於假裝，喜歡躁動輕浮、奢華放縱、肆虐情欲、矯揉造作。

小知者的心靈已經沒有了陽氣，誰又能救得了他

們呢?

☯ 無用之用

木匠和他的徒弟去齊國路過曲轅這個地方,看見一棵大樹的樹冠大到可以遮蔽數千頭牛,樹幹足有十丈粗,樹梢高臨山巔,觀賞的人雲集,都認為這是神樹。

這位匠人卻看不上這棵樹,獨自走了。他的徒弟站在樹旁看了個夠,追上去問木匠:「自打我們跟你學徒以來,從沒見過這麼壯美的樹。可是你卻看都不看,為什麼呢?」

木匠回答:「不要再說這棵樹了!這根本就是一棵毫無用處的樹,用來做船定會沉沒,用來做棺材會很快朽爛,用來做器皿會很快損壞,用來做房門定會流脂而不合縫,用來做屋柱定會被蟲蛀。這就是棵不成材的樹!」

木匠晚上夢見神樹對他說:「你拿什麼東西跟我比呢?你以為拿可用之木就能比過我嗎?那楂、梨、橘、柚都屬於果樹,果實成熟就被打落在地,枝干也受到損害。正是因為它們能結出鮮美果實才導致常常不能終享天年,招致人們的採摘和打擊,天下萬物莫不如此。

「我尋求毫無用處的辦法已經很久了,就是因為無用才成了我最大的用處。我如果那麼有用的話,還能達到延年益壽這一最大的用處嗎?

「你和我也是一樣的,你這個沒有用處的人,怎麼能懂我這棵沒有用處的樹木呢?」

☯ 大宗師

「宗」指尊崇、敬仰，「大宗師」意思是最值得敬仰、尊崇的老師。誰夠得上被稱作這樣的老師呢？那就是「道」。人應該學習效仿道，順應自然。

道在哪裡呢？看得見，摸得著嗎？

莊子在《大宗師》中講到：夫道，有情有信，無為無形；可傳而不可受，可得而不可見；自本自根，未有天地，自古以固存；神鬼神帝，生天生地；在太極之先而不為高，在六極之下而不為深，先天地生而不為久，長於上古而不為老。

翻譯成白話文：「道」是真實而又確鑿可信的，然而它又是無為和無形的；「道」可以感知卻不可以口授，可以領悟卻不可以面見；「道」自身就是本、就是根，還未出現天地的遠古時代「道」就已經存在；它引出鬼帝，產生天地；它在太極之上卻並不算高，它在六極之下卻不算深，它先於天地存在卻還不算久，它長於上古卻還不算老。

戰國時期，東郭子請教莊子說：「你所謂的道，在哪裡呢？」莊子說：「無所不在。」東郭子說：「一定要說個地方才可以。」莊子說：「在螻蟻中。」東郭子說：「為什麼如此卑微呢？」莊子說：「在雜草中。」東郭子說：「為什麼更加卑微呢？」莊子說：「在瓦塊中。」東郭子說：「為什麼越說越過分呢？」莊子說：「在屎尿中。」

道就在日出日落、花開花謝、生老病死、甚至卑微的屎尿中，這都是宇宙的運行規律呀！

道是無形的，所看到的一切現象，就是道的體現！

道是永恆的，是一直不變的。而萬物的存在是暫時的，一直處在變化之中的，它們在出現之前與結束之後，其實並不存在。因此，從永恆的眼光看來，無一物是真正存在的，原來真正存在的不過只是一個道而已。

最後不得不說一下《莊子》中的《天下》篇，並以此作為對先秦諸子百家的一個總結，下一章開始講儒家。

《雜篇·天下》評說天下諸子百家的思想，雖不是莊子本人所寫，是莊子弟子所作，但極其精要地評述了先秦各家的學說。

對墨家的評價

墨家用各種嚴厲的規矩約束自己，讓社會不奢侈，使萬物不浪費，削弱等級差別衝突。

道確實包含這樣的內容。

墨家的墨翟、禽滑厘就有這種風格並特別熱衷於這樣做。

但是他們所主張和推行的過於激烈，他們所反對和節止的過度苛嚴。

墨家倡導「非樂」，要求人們「節用」，生前不唱歌，死時不厚葬。

墨家主張「兼愛」「兼利」和「非鬥」，他們主張非暴力，同時又好學博覽，不隨意標新立異。

墨家反對古代的禮樂制度。古代的樂章，黃帝時期有《咸池》，唐堯時期有《大章》，虞舜時期有《大韶》，夏禹時期有《大夏》，商湯時期有《大濩》，此外

周文王時期有《闢雍》之樂，武王和周公還作過武樂。

古代的喪禮，貴賤有嚴格的規矩，上下有不同的等別。天子的內棺和外槨共有七層，諸侯是五層，大夫是三層，士是兩層。而墨家卻主張生前不唱歌，死時不厚葬，桐木棺材厚三寸而且不用外棺，並把這些作為法度和定規。

這樣教導別人，恐怕不是真正地愛護人；這樣約束自己，也不是對自己真正的愛惜。

並非有意要詆毀墨家學說。情感表達需要歌唱卻一味反對唱歌，情感表達需要哭泣卻一味反對哭泣，情感表達需要歡樂卻一味反對歡樂，這樣做符合人性、符合人情嗎？

墨家要人們活的時候勤勞，死的時候淡薄，未免太苛刻了。

這樣教育人常憂慮、常悲憫，實踐中難以辦到，所以不能夠算是聖人之道。因為違背了天下人的心願，天下人難以忍受。

墨子就算自己能夠獨自實行也沒有用，因為背離了天下人的心願，離百姓的期待已經太遠了。

墨子稱讚大禹：從前大禹治水，親自抬筐揮鍬，勞苦奔波累得腿肚子消瘦，小腿上無毛，淋著暴雨，冒著狂風，安頓下萬家城邑。禹是聖人，仍親自為天下事務如此操勞。

因此，墨子要讓他的墨家，多用羊皮、粗布做衣服，用木鞋、草鞋作服飾，日夜不停地操勞，把自身清苦當作行為準則。並且還說：不這樣做，就不符合夏禹的主張，就不配稱作墨家。

這些規定即使是墨家弟子也覺得辛苦吃不消，他們

雖然都口誦《墨經》，卻違背了墨家的宗旨，並且相互指責對方不是正統的墨家。

後世墨家學人相里勤和他的弟子五侯之流，南方的墨家苦獲和已齒，還有鄧陵子一類的人，都口誦《墨經》，卻違背了墨家的宗旨，相互指責對方不是正統的墨家，墨家各派一直爭論不休。

墨翟和禽滑厘他們的意願是好的，但他們的做法卻行不通。

後世的人想到的墨家形象，必定是勵行勞苦，爭先恐後地弄得腿肚子消瘦、小腿上無毛罷了。

墨家學說算得上是亂世的良方，如果用來治世卻是下策。

即使這樣，墨子還是真正熱愛天下的人民，他形容枯槁面顏憔悴也不放棄自己的主張，為的是努力實現自己的理想，真是有才之士啊！

☯ 對法家的評價

法家公正而不結黨，平易而不偏私；斷案依理不存主見，隨物跟進一視同仁；不瞻前顧後，不謀求智巧。

道也包含了這方面的內容。

法家彭蒙、田駢、慎到就有道在這方面的遺風並且熱衷依法治理。

法家把平等地對待外在事物放在首要地位，認為蒼天能夠覆蓋萬物卻不能托載萬物，大地能夠托載萬物卻不能覆蓋萬物，大道能夠包容萬物卻不能區別萬物。

他們懂得萬物都有它們可以認識的一面，也有它們認識不到的一面。

所以法家用認為用一視同仁的規範與齊同劃一的尺度辦事才能沒有錯漏。

慎到棄置智巧，不探索規律去疏導，而是用法律去強制。

明明不知道，還不去學習求道，不考慮人性與外物的變化，用自己定下的法規來衡量一切。

老百姓明明不喜歡，但為了保全自己不受責難，就推一推挪一下，拽一拽動一下，像旋風一樣回旋，像飛羽一樣飄忽，像磨石一樣轉圈，和法令兜圈子。

最後老百姓成為沒有感知的東西，連普通人也做不成，更談不上成什麼賢人、聖人。法家把人當一塊石頭，你擺在哪裡我就待在哪裡，石頭才會永遠符合規範，才不會觸犯法令。

人們嘲笑法家的學說：不是活人所能實行的，是給死人制定的。

法家並不是真正懂得道，他們恐怕只是聽說過道而已。

對名家的評價

名家惠施很有學問，他的著述多達五車，卻十分雜亂，言談也不妥當。

他觀察分析事物說：大到極點的東西已無外圍可言，叫作「大一」；小到極點的東西已無法容納，叫作「小一」。

沒有厚度的平面，不可能累積而成體積，但卻可以無限擴展以至很遠很遠。

從整個宇宙的角度看，天與地都是低的，山峰與湖

澤都是平的。

太陽剛剛正中就開始偏斜，各種物類剛剛產生就同時意味著走向死亡。

南方可以是無窮盡的，但南方也可能是有盡頭的；今天到越國去，又可以說成是昨天來到了越國。

連環本不可解但又可說是無時無刻不在銷解。

我知道天下的中心部位，可以說是在燕國的北邊也可說是在越國的南方。

廣泛地愛護各種物類，因為天地間本來就是沒有區別的整體。

惠施認為他的這些看法是最為博大的了，於是遊觀天下並告訴各處善辯的人。

天下一切喜好爭辯的人無不相互津津樂道：

卵裡面可以說是存在著毛的；

雞的腳可以數出三只；

郢都內就存在著天下；

狗也可命名為羊，馬能夠說是卵生的；

蝦蟆可以說是長有尾巴；

火本身並沒有熱感；

山中的回音證明大山也生出了口；

車輪永遠不會著地；

眼睛也可說缺乏看視的能力；

指認外物永遠達不到事物的實際，即使達到實際也會無窮無盡；

烏龜可能比蛇還長；

角尺不能畫出方形，圓規也不能用來畫圓；

榫眼與榫頭不會完全地吻合；

飛鳥的身影從來不曾移動；

飛逝而去的箭頭有停留、也有不曾停歇的時刻；
小狗可以不是狗；
黃馬、黑牛是三個事物；
白狗也可以叫它黑狗；
稱作孤駒就是它不曾有過母親；
一尺長的棍棒，每天截取一半，一萬年也分截不完。
喜好爭辯的人們用上述命題跟惠施相互辯論，永遠沒完沒了。

桓團、公孫龍等也是名家的善辯之流，他們蒙蔽人們的思想，改變人們的心意，能夠堵住別人的嘴，卻不能折服人心，這就是名家辯者的局限。

惠施每天用其心智跟人辯論，獨自跟天下的辯者爭論前面提到的那些稀奇古怪的東西，製造出這麼多奇談怪論。

惠施總是說個沒完，自以為最有才氣，說：「天地真是奇妙偉大啊！」

然而名家辯者心存的是一顆壓倒他人的雄心，其實根本不懂道。

他們話多而無休止，為了吸引人，還添加很多奇怪的東西進去。

名家辯者處處違反現實常理，只一心求取超人的名聲，與普通人相比，顯得不合時宜。

名家辯者內心修養十分薄弱，追逐外物的欲念卻又十分強烈，他們所走的道路真是彎曲狹窄的呀！

用陰陽交合化育萬物的道來看惠施，他就像一只嗡嗡響的蚊子。

惠施的言論對於萬物有什麼用處呢？

他的言論只不過在充分瞭解事理的某一方面是十分

突出的，但是如果能夠尊崇於道就接近完美了！

惠施沒有在道上下功夫，離散心神於外物又從不倦怠，最終只不過得到善辯的美稱。

可惜啊！惠施的才氣，放蕩不羈而無所獲，馳逐於外物而不知返歸本真！

這就像用聲音來遏止回聲，又像是為了使身形擺脫影子而拼命地奔跑，實在是可悲啊！

對儒家的評價

《天下》對六部儒家經典的評價很高，認為是聖賢的典規。

古代聖哲效法天地的自然規律，哺育萬物，使天下均衡和諧，把恩澤施及百姓，讓民眾通曉根本的典規，人們把這些典規記錄在《詩經》《尚書》《禮記》《樂經》《周易》《春秋》中。

鄒地的學者和魯國的儒生都能明白其中的道理：《詩經》是詩歌，用來表達思想感情；《尚書》是政文，用來記述政事；《禮記》是禮儀，用來表述行為的規範，《樂經》是音樂，用來記載音律；《周易》是哲學，用來闡明陰陽變化的規律；《春秋》是歷史，講述各國的重大事件。

那《天下》對孔子的評價呢？

在《莊子・天運》篇中，大部分都是在講孔子，但對孔子的評價不高，認為孔子只是撿到了一只草狗。

孔子在魯國不得志，西去衛國求職。

顏回替老師擔憂，特去諮詢師金。師金是魯國的樂官，供職國家樂團，很會算命。

顏回問師金：「我老師孔子去衛國求職，預測一下前途怎麼樣？」

師金：「很可惜，你老師命苦啊！」

顏回：「為什麼？」

師金：「茅草扎製的狗，就是芻狗，你見過吧。芻狗披上綉巾，放入竹筐。祭祀人員戒葷腥、戒女色，洗澡熏衣，抬著芻狗去祭神，十分隆重！

「儀式結束，芻狗一文不值，扔到路邊被路人踐踏，廚娘拾去當柴燒了。

「如果有傻瓜把芻狗抱回去，再學著人家祭祀，披上綉巾，放入竹筐，高高供起，吃齋戒色，吃飯睡覺都在下面，哈哈，那真是笑死個人啦！

「這樣子搞輕則噩夢驚魂，重則鬼迷心竅！

「我看，你的老師孔子也就是抱回古代的芻狗，把周禮用過了的仁義，高高供起，然後在下面辦學，帶著一幫子學生，連上課下課吃飯睡覺都圍著芻狗轉，虔誠至極！

「有一回孔子去宋國傳授周禮，宋國不提供課堂，他就在大樹下排演周禮。

「周禮一演完，官員就叫人把大樹給砍了。

「後來孔子又去衛國周遊，又被衛國驅逐出境。就連他停過車的地方，地皮都被鏟掉了。

「再後來，他奔走列國，求職不得，走投無路，討乞回家。

「這些不是噩夢驚魂嗎？

「還有一次他想去楚國當官，帶領學生途經陳蔡兩國交界地，當地人誤以為強盜來了，群起而圍之，斷炊七天七夜，險些餓死。

「這不是鬼迷心竅嗎？」

師金又說：「水上行船，陸上行車，這是基本的常識。看見船既然能行水，便認為一定也能行陸，硬要推上岸去行駛，就算累死又能跑多遠呢？

「古代好比水，現代好比陸，難道不是嗎？

「西周好比船，魯國好比車，難道不是嗎？

「想把古代西周的那一套周禮，什麼仁呀、禮呀的生搬硬套到現在的魯國來推行，就像是推船在陸地上行走，人累垮了，船還是走不遠。

「靈活應用、隨機應變，不脫離實際才能成功，我看他根本不懂這個道理！

「現在跟古代不同啦！古代各個時期也不相同。從上古的伏羲、黃帝，到後來的堯、舜、禹，他們推行的政策都不相同，只要能適應現實治理好國家就行。

「他們的禮法就像山楂、梨子、橘子、柚子，味道各不相同，但都美味。

「禮法都是隨時代而變，隨現實而調整，沒有永遠正確、從不過時的。

「你的老師孔子把周公穿的禮服，套在猴子身上，一定被猴子又咬又撕，弄得凌亂不堪。

「你的老師孔子好像東施一樣，模仿美女西施，頻頻皺眉、目送秋波，我真替他捏把汗。」

第四章

周禮：儒家的發源

周文王

儒家自孔子開創以來一直延續不斷，它的思想已經深入中國人的骨髓。它為什麼會有如此強大生命力和迷人的魅力呢？

什麼是儒家

儒家是我們早已十分熟悉的學派。

那到底什麼是儒家？

嗯，好像是孔子、孟子、仁義禮智、三綱五常、封建禮教……忽然感覺好複雜，一下又說不明白。還是先說說儒是什麼？為什麼會叫儒家？

儒在周朝之前就是舉行儀式和祭祀的司儀，類似於現在活動的主持人。

因為孔子崇尚周禮，孔子創立的學說就叫作儒學，儒就代表孔門弟子！

漢朝以後儒家成為知識分子的統稱，文化人、讀書人都是儒！

說孔門弟子都是儒家還好理解，但說漢朝以後所有知識分子都是儒家，根本就不正確！那請問王莽、諸葛亮、王安石、梁啟超、孫中山是儒家嗎？

漢朝以後獨尊儒術，所有文化人想要追求功名、出人頭地。熟讀儒家經典、參加科舉考試是必經之路，所以說基本上知識分子都是儒家。

法家精華自戰國末期就被荀子吸納進入儒家，名義上的法家自漢朝就沒有了，但法家的精華思想融進了儒學。

前面列舉的那些改革家也是吸收了部分法家思想，他們是銳意進取的儒家！

那古代知識分子難道只能當儒家，沒有別的出路嗎？他們不是還可以當科學家、可以創業、可以發明、可以習武、可以學醫、還可以農耕嗎？

古代一直流行萬般皆下品，唯有讀書高。學而優則仕，學成賣於帝王家可以說是知識分子成功的唯一途徑。選擇成為儒家，既是無奈，也是喜愛。

取消或者改動科舉考試，最大的阻力就是文人，因為剝奪了知識分子求取功名的途徑。

當然，大多數文人是考不中的，他們有的當私塾先生；有的從商，把儒家那一套思想帶進商業，美其名曰儒商；有的當訟師；有的看風水……不過都已經離他們「學好文化去當官」的初心相差甚遠。

至於當武將，那需要出生入死久戰沙場，大部分書生還是不適合；而當普通士兵腦袋別在褲腰帶上，一般老百姓都不願意去。

在當時儒家是一條最適合文人走的路，或者說這是文人最容易出人頭地的途徑。

秦始皇看不起儒家，不重用儒家，知識分子就怨聲載道，秦王一怒焚書坑儒，更激起了知識分子的強烈不滿。

劉邦同樣看不起儒家，但他知道儒家的影響力很大，吸收了秦朝的教訓，利用儒家，但不被儒家所束縛。

歷代偉大君王都不是很看得起儒家，但都善於利用儒家。秦始皇、漢武帝、唐太宗、成吉思汗、朱元璋、康熙都看不起儒家，宋太祖趙匡胤例外。因此，儒家最好的時代應該也是在宋朝。

既然看不起儒家，為何還要任用？

帝王利用知識分子不僅可以治理國家，同時也可以

安撫和穩定知識分子；知識分子呢，可以通過科舉求取功名、建功立業。所以儒家就成了帝王和文人的共同的喜愛。

知識分子有那麼厲害嗎？手無縛雞之力的書生有什麼好怕的？

歷朝歷代的年輕人都是想建功立業的，或者是想出人頭地，這是人的本性。把年輕人上升的通道堵塞了，社會就很危險了。

以年輕人為核心的整個社會渴求公平的競爭環境和上升發展的途徑。如果農民的兒子世代束縛在土地上當農民，貴族的子女世襲爵位，這樣就沒有競爭、沒有活力，導致人才埋沒，社會怨聲載道。

科舉選拔不只是對知識分子的安撫，也是對整個社會的安撫。

為什麼說安撫？不說是培養人才呢？

古代的科舉考試，雖然有一定培養人才的職能，讀讀四書五經也能學到不少知識，但科舉考試更多還是一種安撫人才的工具。學什麼、考什麼並不是很重要，重要的是有這樣一種途徑，讓下層百姓能夠有上升的盼頭。

朝廷說考文採，讀書人就拼命練習吟詩作賦，誰的文採好誰來做官；朝廷說考四書五經，讀書人就來比比看，誰背得更好、記得更準；朝廷說考策論，那讀書人就來學習八股文的寫作，這樣子幾十年的寒窗也感覺值得。

古代的科舉考試跟現代的「文憑是敲門磚」有點類似。現代經濟學把文憑看作信號顯示，就是說你讀本科、研究生、博士，用人企業把這些學歷當作能力的一

個信號，學歷高的就表示有恒心、有毅力，這方面能力更強，至於學到了什麼，只有自己知道。

科舉考試也一樣，文人對考什麼不看重，看重的是你有東西給我考，我有東西學習就行。因為年輕人需要把他滿腔的熱血投入到某個東西上來。

那為什麼每次科舉考試內容改革文人就會鬧？

因為不適應呀，以前一直考吟詩作賦，他們用十年寒窗來學這個東西，官府突然說吟詩作賦考不出能力，從現在起要考八股策論，文人能滿意嗎？等這批人鬧完，後面的人適應了，就又開始維護這場八股考試。

可是還是感覺不應把知識分子和儒家等同起來，知識分子除了當儒家，在古代還可以當墨家、法家呀，為什麼非得成為儒家？

墨家精神上要求兼愛，愛別人的兒子像愛自己的兒子一樣，必要的時候甚至要犧牲自己，技術上還要有高超的工程水平，不為名利，哪裡有困難往哪裡衝。這樣的境界幾人能做到？你願意讓自己的子女去成為墨家嗎？

至於法家，就是更難當了，不僅要有改革家的大才，還要有改革家的氣度和魄力，看看商鞅就知道法家的路不是一般人能走的。再說，漢朝大一統以後，墨家、法家就消失了，想當也沒法當！

如此看來，儒家是最好走的路，似乎是只需反覆誦讀、背誦儒家經典就可以升官發財！

可是，墨家和法家消失後，不是還有道家和佛家嗎？

道家和佛家本質上是出世的，積極進取的讀書人很少會選擇出世哲學；儒家是積極入世的，所以儒家在大

一統時代一直是官方哲學。

那麼儒家的哲學思想是什麼？

儒家思想發展了兩千多年，不是一句話能概括的，儒家思想在不同時代賦予了不同的內涵。

宗法分封制

周朝推翻殷商後，國土面積比夏商更大，在古代信息不發達、交通不便利的社會環境下該如何管理龐大的國家呢？現在思考一下，突然給你一個分公司遍布全國的大企業，沒有網絡和電話、沒有汽車火車，你會怎麼管理呢？

嗯，我想想……我自己來管理總部，然後派我的大兒子管理第一大的分公司，派二兒子管理第二大的分公司、女兒管理第三大的分公司……全國分公司還有很多，沒那麼多孩子分配，怎麼辦呢？有辦法啦，我還有兄弟姐妹、小舅子、妹夫、七大姑、八大姨可以幫忙。將公司交給自家人管理，總比交給外人放心，畢竟有血緣及親情關係在裡面。

是的，這就是由夏商形成、周朝逐漸完善的分封制。我們常說的「封建」就是分封建國的意思。周天子把土地及居民分賜給同姓子弟和異姓功臣，受到冊封的這些諸侯可以在自己的封地內建立諸侯國。諸侯再將自己的封地以及居民分封給自己的親族，這些親族就叫做卿大夫。諸侯必須服從周天子的命令，並定期進行朝貢，還要隨時準備率領自己的武士和軍隊保衛周天子，接受周天子的調遣。

這麼看來，如果被冊封為諸侯的話，可以有自己的

小王國，還有這麼大的自主權。但是諸侯要是不聽天子的話，或者犯錯了會怎麼管理呢？

這的確是個大問題。現在可以思考一下，你的家族企業派出你的大兒子管理上海分公司，二兒子不滿意：「上海這個肥缺憑什麼要大哥去，我比他更有能力管理！」更嚴重的如果其他幾個兒子都不服怎麼辦？即使其他兒子都服氣，如果大兒子經營分公司不聽指揮、中飽私囊，怎麼辦？

國家不是有法律嘛！可以用法律來管理呀！

其實，周朝分封制也面臨像家族企業一樣的問題。如果與自己的兒子有分歧，恐怕很少有人會訴諸法律、用刑法來解決吧！都是自己的親戚，用法律手段解決不太合適，大夫以上都是和周天子同宗同族的一大家人，自家人怎能用法律解決呢？「刑不上大夫」就是出於這個原因提出的。

不用法律？那還怎麼管理？

國有國法，家有家法，這些諸侯大多是同姓家人，自然要用家法管理。古代憑血緣關係對族人進行管轄和處置的制度就是宗法制度。西周一開始的宗法就規定「立嫡以長不以賢，立子以貴不以長」。妻所生的兒子就是嫡子，妾所生的兒子稱為庶子，嫡子中的年紀最大者就是嫡長子，擁有最優先的繼承權，不管他是否賢能，這就是「立嫡以長不以賢」；在沒有嫡子的情況下，妾中最尊貴者所生的庶子則擁有優先繼承權，不管其究竟是否為長子，這就是「立子以貴不以長」。所以，皇子們不用爭吵，按照宗法制度來，大家都沒有怨言。

周朝為什麼不能像現代一樣，平均分配給每個孩子呢？而非要把封地全給嫡長子呢？

想想看，如果平均分給幾個孩子，幾代下去每個王族的封地就會就會越來越小，王族的力量會越來越薄弱。宗法制度實際上保護了貴族的延續。漢武帝雖然對獨裁專制充滿喜愛，但在他統治初期，任用了大批的儒士。

不是說漢武帝也鄙視文人嗎？那他為什麼還會如此慷慨地偏愛儒生呢？

漢武帝想要獨攬大權，就要削弱強大的地主貴族。文人學士的特點就是會固執地捍衛儒家那套烏托邦理論，不知不覺中就會幫助漢武帝對付貴族。儒家人士說，立嫡長子的制度一點也不公平，把封地給長子，對那些非長子特別是幼子根本不公平，榮譽和財產都給了長子，其他孩子怎麼生活？所以儒家呼籲一視同仁，把封地公平傳給所有孩子。漢武帝說，儒家說得有理！於是他假借維護幼子的利益，頒布法令取消了對長子特殊的照顧，強迫親王們把封地不分長幼地、公平地分配下去。這樣一來，漢朝只用了兩三代的時間，就徹底瓦解了強大的地主貴族。

☯ 周代的國家秩序

這些與周禮有什麼關係呢？

周朝建立的時候，周公制定了周禮。周禮就是要通過「禮」來維護宗法制和分封制，要通過「禮」讓上至周天子，中至諸侯卿大夫，下至士和庶民，各有其等級尊卑秩序，各安天命，各從其事。

什麼是禮呢？

你和一個女孩決定結婚，難道直接領回來生活在一

起嗎？最起碼要舉辦一場婚禮，這就是禮。當然，你很個性也可以不舉辦婚禮，或者不按套路舉辦，這都沒有關係，因為禮和法不一樣，法是強制性的，不執行就會受懲罰，禮是建立在自覺遵守的基礎上，不執行也沒有規定的懲罰，但是你會受到周圍人的異樣目光：你看，那兩個人也不怕人笑話，婚禮沒辦就同居在一起！

買票不排隊也不會有法律處罰、公交車上年輕人不給老人讓座也不會有法律處罰，但是人們會認為那是不合適的、無禮的、不道德的，雖然沒有法律的制裁，但是被別人指點的時候就會傷到我們的自尊、我們的面子。

在路邊亂停車，扣分罰款還能接受，但是要把亂停車的事情曝光，大家就覺得很難以接受。讓人沒有面子是比懲罰還可怕的事情！

通過禮，讓人自主、自覺、自發地去維護良好的社會生活秩序。試想一下，當我們走進一個國家、每個人彬彬有禮、遵守規範、相互禮讓、誠信待人，難道不會感覺這個國家的人民素質很高嗎？中國是禮儀之邦，受禮的影響，中國人愛面子是出了名的，所以禮、面子和道德經常一起出現。

不過，如果一個人不在乎面子，禮對他又有何用？

的確是這樣，禮可以制約君子，對小人就沒辦法。但是如果不在乎面子、不在乎道德，想要在中國社會立足是十分困難的。在社會上，無論這個人能力多強，一旦被貼上道德敗壞的標籤就舉步維艱。

現在急切地想知道周代禮制有什麼內容？

周代禮制的主要內容包括周禮和儀禮。周禮是政務的運作規範，包括政府的構成、官員的名稱和職責、政府

各個部門的運作規範；儀禮則是民間活動的規範，像祭祀、婚喪嫁娶等，都有固定的流程和禮儀。

☯ 儒家的源頭

這就是周禮呀！像古代祭祀的那些巫婆神漢搞一些繁文縟節出來騙吃騙喝能有什麼用？

如果覺得古代太過遙遠不好理解，那有空可以到沿海地區看看開漁節，在「休漁期」結束後就「開漁」，開漁節就是漁民出海捕魚時的「祭海」儀式。開漁節上，最震撼的不是汽笛長鳴、百舸齊發、菸花怒放、人海湧動的喧囂場景，而是漁民對大海的感謝與敬畏，對祖先勇敢開拓精神的懷念。

祭海儀式，先是過去的場景——強壯男子冒著巨浪出海打魚，妻子在家裡撫養孩子，老人默默為出海打漁的人祈禱平安……忽然間一群孩子歡快地奔跑出來，老人們向大海呈貢祭祀的食物，女人們瘋狂地擊鼓，漢子們大聲地呼喊著號子……看到這樣的畫面，讓人感動落淚！

靠山吃山、靠海吃海，這種禮儀是對滋養自己的大地、草原、海洋的崇敬與熱愛，讓人們更懂得感恩、珍惜和保護自然資源！讓當地人不由地想起偉大的祖先，激勵他們沿著先輩的足跡勇敢、正直地奮進……讓他們更有凝聚力，為生為當地人而自豪！

當我們翻起家譜，看著歷代先祖和世事變遷，有上進的、有頹廢的、有貧窮的、有富貴的，有得意的、有敗落的，哪些做法是對的？哪些先人是值得驕傲的？什麼樣的生活是值得過的？會激發我們很多思考。這時才會發現

你不只是代表自己，你是代表整個家族，要寫入族譜，要成為家族的榮耀，要用自己的行為為後代做表率⋯⋯

禮是人類文明的象徵，是擺脫原始的一大進步，同時禮也是國家文化、企業文化、家庭文化的代表！

這麼看來禮制真是偉大呀！可讓人不明白的是，崇尚禮制的周朝為什麼還會滅亡？

周朝滅亡不是禮的錯，周朝的滅亡也不代表禮的滅亡。經常有人批判孔子、孟子、老子、朱熹⋯⋯似乎是這些人導致了過去社會的糟糕、導致了古代獨裁的統治。

他們提出哲學主張和獨特思想本身就是一項偉大的創舉，你可以認同，也可以不認同，可以批判地吸收，但不能把糟糕的結果歸罪於他們。

思想就如同工具和衣服一樣，好人、壞人都可以穿同樣的衣服，好人、壞人都可以用先進的武器，錯不在思想，而在執行和使用的人！

任何哲學思想之所以能受到歡迎，就是因為適應了社會的需要，引領了時代的發展。周朝存續790年，是中國歷史上統治時間最長的朝代，說明周禮在很長時間內是適合社會需要的。

觀察一下我們的現實中，大部分企業都是從家族企業開始的，很少有企業剛成立就是全部聘用社會上有才能的人來管理，因為自己人管理可以用最低的成本實現企業的快速成長。

另一個有趣的現象，世界上存續超過200年以上的企業大部分都是家族企業。周禮也是一樣，它適應了宗法分封制度，以最低的成本，最高的效率完成了周朝的管理，促進了周朝經濟的迅速發展和長時間延續。

周禮的制定吸取了殷商奢靡滅亡的教訓，規定王死

後下葬，陪葬九個鼎，諸侯陪葬七個鼎，卿大夫五個鼎，士三個鼎，普通百姓一個鼎，一定程度上限制了奢華鋪張；規定周王必須尊重自己的臣民，在春天周王必須親自下地宣示春耕開始，打仗必須親自上陣，等等。

這不就是把人分三六九等的等級制度嗎？憑什麼刑不上大夫？

要知道周朝時代的貴族把榮譽看得很重要，大夫都是很有尊嚴的，他會根據自己的過錯採取自覺的自我懲罰。以至於春秋時期還能經常看到這樣的事情：當一個法官錯殺了人，他會自殺償命；當一個主帥的軍隊打了敗仗，他會以死謝罪。

一定程度上，周禮下的等級制度強調的不是等級下的特權，更多的是等級下的秩序。在那樣的環境下，周禮發揮了「經國家，定社稷，序民人，利後嗣」的作用。

時也命也，當形勢發生了變化，過去適合的哲學思想反而可能會成為時代發展的絆腳石。

家族企業開始總是有效的，用自己人、用家法管理成本最低，擴張最快。一代能創業成功，往往都是英明的君主，但是到了二代、三代……富貴世襲，失去了創一代的才華和勤奮，權貴塞滿了社會重要位置，機構越來越臃腫、貪欲越來越大、效率越來越低下，進一步加重了對諸侯國的壓榨。

幾代之後，天子與諸侯之間的血緣聯繫也越來越少，宗族意識越來越淡薄。天子無能並且壓榨諸侯，各諸侯就對周王室不忠，一些雄心勃勃的諸侯形成了強大的地方武裝割據，企圖取而代之，周禮的時代即隨之過去了。

周公以其自身的品格和能力成為儒家理想人格典範，周禮也成為儒家學說的思想源頭。

第五章

孔子：仁禮合一

孔子

先秦儒家

先秦就是指秦朝建立之前的歷史時代，先秦時代的儒家代表人物主要有孔子、孟子和荀子。

周天子勢衰，諸侯混戰，強大的諸侯國兼併弱小的諸侯國，諸侯國之間展開了你死我活的角逐。

王失其鹿，天下逐之！一些實力雄厚的諸侯已經開始稱王，完全無視周天子的存在。

以往謙恭有禮的貴族風範、俠義的騎士精神正在失去，諸侯國之間不再是以往榮譽對榮譽、戰旗對戰旗，誠實用兵、公平對決的戰爭，而是毫不留情的殊死搏鬥。

為了爭奪王位，全然失去了寬容與同情，不時出現屠城、虐殺平民和戰俘，甚至出現了吃人的原始情況，禮崩樂壞、社會一片混亂。

孔子出生在魯國的沒落貴族。如果你出生在這樣的家庭會有什麼樣的哲學思想？試想一下，當時諸侯混戰，自己又沒落，就很懷念往昔的光輝歲月，一定會感嘆：「還是周朝好啊！諸侯都是高貴的謙謙君子，不像現在一樣喪心病狂地搶奪王位。周朝時的人民安居樂業，不像現在一樣流離失所。」

孔子無比懷念周王朝的輝煌，在他看來現在的慘狀都是因為失去了禮制，所以他期待通過復興周禮來再現周朝的國泰民安。

☯ 無心插柳當老師

孔子的理想到底是什麼？是當官還是當老師呢？

說的「高大上」一點，孔子有極高的政治熱情、極強的進取精神，有遠大的抱負，想要恢復周王朝的太平盛世。

說的功利一點，孔子官癮很大，很想當官，很想重現自己崇拜的周朝禮制，很想獲得重用。

當老師只不過是孔子的「副產品」，是無心插柳的結果。當他失意的時候就去整理整理周禮，模仿周文王研究一下周易八卦，沒事的時候編撰編撰古籍，不經意間竟然整理成一套教材，一些同樣仰慕周禮的人便前來拜師學習。

可憐的是，他雖然有當官的積極性，卻屢遭打擊、排斥、嘲諷。他雖然到處碰壁，但仍執著追求，帶領弟子周遊列國，奔走遊說。

為什麼孔子的觀點得不到重視，為什麼他本人得不到重用？是他的理論迂腐不堪、是不切實際烏托邦的美好幻想，還是諸侯有眼不識泰山？

孔子為什麼不管艱難險阻依然熱情不減，是執著還是傻？

孔子的哲學究竟是什麼？是《論語》《詩經》《尚書》《周易》《禮記》《樂經》《春秋》嗎？

《論語》是孔子的後世弟子編撰記錄孔子言行的，《詩經》《尚書》《周易》《禮記》《樂經》《春秋》是孔子整理和編纂的古代文化典籍。

我們一起來看看孔子的具體作為與實際成效吧！

史記上說，孔子小時候玩游戲就喜歡擺各種祭器，學做祭祀的禮儀動作，看來他和禮天生就有緣分。

　　孔子十七歲那年，機遇來了。魯國大夫釐子病危，臨終前告誡兒子懿子說：「孔丘是聖人的後代，他的祖先賢明恭敬。如今孔子年少而好禮，他不就是才德顯達的人嗎？如果我死了，你一定要以他為師。」

　　孔子家族傳統很好，根紅苗正，是重用的好材料。他得到了一個很好的機會被魯昭公派到周天子那裡進修周禮，據說還見到了老子。

　　從周王室那裡學成歸來後，孔子「人氣」大增。

　　人怕出名豬怕壯。周圍的人都議論：看看人家孔子，因為從小擺弄周禮，就被魯昭公派到周天子那裡學習，實在是太了不起！周天子、魯昭公那是什麼樣的偉大人物，小小的孔子一下子就飛黃騰達了，我也要向他學習，成為諸侯和帝王的座上賓！

　　從此，慕名前來跟隨孔子學習的弟子越來越多。

　　孔子年紀輕輕就精通周禮，不僅學生很仰慕他，而且諸侯也十分仰慕，各路諸侯都想像周天子一樣威風，想要學習人家天子的禮儀和風範。

　　孔子三十歲時，齊景公專程來魯國請教孔子：「為什麼秦國小而偏僻，卻也能夠稱霸呢？」

　　孔子說：「秦國雖小，志向卻很大；地方雖然偏僻，施政卻很恰當。秦穆公重用五張黑公羊皮贖來的百里奚，把執政大權交給他了。用這種精神來治理國家，就算統治整個天下也是可以的，當個霸主還算是小的呢。」景公聽了很高興。

　　齊景公又向孔子請教該如何治理國家，孔子說：「國君要有國君的樣子，臣子要有臣子的樣子，父親要有父親

的樣子，兒子要有兒子的樣子。」景公聽了後說：「對極了！假如國君不像個國君，臣子不像個臣子，父親不像個父親，兒子不像個兒子，即使有很多的糧食，我怎麼能吃得著呢！」改日景公又向孔子請教為政的道理，孔子說：「管理國家最重要的是節約開支，杜絕浪費。」

　　景公聽了孔子重用人才、君臣父子之禮、勤儉節約的治國之道後很高興，打算把尼谿的田地封賞給孔子，重用他來大興齊國。

　　晏嬰勸阻說：「儒者這種人，只是能說會道，盡是講些好聽的漂亮話，談什麼仁義道德，就是不講律法；他們高傲任性自以為是，固執一根筋，不能當作下臣使用；他們重視喪事，竭盡哀情，為了葬禮隆重而不惜傾家蕩產，不能讓這種做法形成風氣；他們四處遊說乞求官祿，絕不能任用儒家來治理國家。自從那些聖賢相繼下世以後，周王室也隨之衰微下去，禮崩樂壞已有好些時間了。現在孔子講究儀容服飾，規定繁瑣的上下朝禮節，這些繁文縟節一輩子也搞不清楚，幾代人也學習不完。您如果想用這套東西來使齊國強大，恐怕不是好辦法。」

　　齊景公聽了之後，就對孔子敬而遠之了。

☯ 孔子的身手

　　孔子治國理政難道就沒有一顯身手的時候嗎？

　　魯定公十年，魯國與齊國和解，齊景公與魯定公在夾谷會晤。孔子以大司寇（類似現在最高法院院長、最高檢察院檢察長）的身分隨魯定公出行，他在禮儀方面想的很周到：「我聽說辦理外交必須要有武裝準備，辦

理武事也必須有外交配合。出了自己的疆界，一定要帶齊必要的官員隨從。請求您安排左、右司馬（兵馬大元帥）一起去。」魯定公答應了。

定公在夾谷與齊侯相會，在那裡修築了盟壇，用國君相遇的簡略禮節相見後拱手揖讓登壇。彼此饋贈應酬的儀式行過之後，齊國開始演奏四方各族的舞樂，齊國的樂隊打著旌旗、頭戴羽毛，穿著皮衣，手拿矛、戟、劍、楯等武器上臺表演。

孔子見狀趕忙跑過來，一步一階快步登臺，還差一級臺階時，便揚起衣袖一揮，說道：「我們兩國國君為和好而來相會，為什麼在這裡演奏夷狄的舞樂，請命令他們下去！」

齊景公心裡很慚愧，揮手叫樂隊退下去，開始演奏宮中的樂曲。於是一些歌舞雜技藝人和身材矮小的侏儒都上來表演。

孔子看了又急忙跑過來。一步一階往臺上走，最後一階還沒有邁上就說：「普通人敢來胡鬧迷惑諸侯，論罪當殺！請命令主事官員去執行！」

於是主事官員依法將他們處以腰斬。齊景公大為恐懼，知道自己在禮儀方面不如魯國懂得多，回國之後很是慌恐，就退還了從前所侵奪的魯國土地，以此來向魯國道歉並悔過。

如此看來孔子的禮還是唬住了不少人嘛！他還有其他才能嗎？

孔子五十六歲由大司寇升職為代理國相職務，臉上露出喜悅神色。他的弟子說：「聽說君子大禍臨頭不恐懼，大福到來也不喜形於色」。孔子說：「是有這樣的話，但不是還有一句『樂在身居高位而禮賢下士』的

第五章 孔子：仁禮合一

話嗎？」

孔子參與國政三個月，殺了擾亂國政的大夫少正卯；販賣豬、羊的商人就不敢漫天要價了；男女行人都分開走路；掉在路上的東西也沒人撿走；各地的旅客來到魯國的城邑，用不著向官員們求情送禮，都能得到滿意的照顧，好像回到了家中一樣。

看樣子孔子和法家也差不多嘛，還不是要靠殺人威嚇，根本就不是靠什麼仁義感化！孔子還要求男女分開走路。

齊國知道孔子在魯國執政就害怕了起來：孔子在魯國執政下去，一定會稱霸，齊國靠魯國最近，一旦魯國稱霸，必然會先來吞並齊國。

齊國決定阻止魯國重用孔子，於是挑選了 80 位美貌女子，都穿上華麗的衣服，教會她們跳《康樂》的舞蹈，連同身上有花紋的一百二十匹馬，一起送給魯君。魯君收到齊國的美女和駿馬後，連國家的政事也懶得去管理了，就連在郊外祭祀的烤肉也沒分給大夫們。於是孔子離開了魯國。

孔子與管仲這一點不同。齊桓公重用管仲，事事都可依管仲，樣樣都可以改，唯獨喜歡美色無法改。齊桓公問起管仲自己喜歡美色會不會影響霸業時，管仲的回答都是不會。

而孔子見魯君親近美色就棄之而去。孔子視男女之事為洪水猛獸，而管仲卻更為開放，管仲說愛女色是男人的本性，是人之常情。

☯ 三句話不離周禮

孔子三十五歲的時候逃奔到齊國，做了高昭子的家臣，想借高昭子的關係接近齊景公。他與齊國的樂官談論音樂，聽到了舜時的韶樂，就開始學習起來，有三個月的時間竟嘗不出肉的味道，齊國人都稱讚他。

孔子向師襄子學習彈琴，一連學了十天，也沒增學新曲子。師襄子說：「可以學些新曲了。」孔子說：「我已經熟習樂曲了，但還沒有熟練地掌握彈琴的技法。」

過了些時候，師襄子又說：「你已熟習彈琴的技法了，可以學些新曲子了。」孔子說：「我還沒有領會樂曲的意蘊。」

又過了些時候，師襄子又說：「你已經領會了樂曲意境，可以學些新曲了。」孔子說：「我還沒有體會出作曲者是怎樣的一個人。」

過了段時間，孔子肅穆沉靜，深思著什麼，接著又心曠神怡，顯出志向遠大的樣子，說：「我體會出作曲者是個什麼樣的人了，他的膚色黝黑，身材高大，目光明亮而深邃，好像一個統治四方諸侯的王者，除了周文王又有誰能夠如此呢！」

師襄子恭敬地離開位給孔子拜了兩拜，說：「我老師原來說過，這是《文王操》呀。」

☯ 專事詩書

孔子離開魯國十四年後又回到魯國。魯哀公向孔子請教為政的道理，孔子回答說：「為政最重要的是選擇

好大臣。」季康子也向孔子問為政的道理，孔子說：「要舉用正直的人，拋棄邪曲的人，那樣就使邪曲的人變為正直的人了。」季康子憂慮盜竊，孔子說：「如果人們沒有犯罪的慾望，你就是給獎賞，人們也是不會去偷竊的。」他們聽了這些道理後並沒有重用孔子，孔子也不再請求出來做官。

不知是孔子做官的念想徹底打消了，還是到處碰壁沒有了做官的機會。反正結果都一樣，他退閒在家，專心整理編修《詩經》《尚書》《禮經》《樂經》《周易》《春秋》，並用這些作為教材。他的學生們越來越多，有的甚至來自遠方，無不虛心向孔子求教。

周文王和周公喜好研究《易經》，孔子晚年也喜歡鑽研《周易》，他詳細解釋了《彖辭》《錫辭》《卦》《文言》等。孔子研讀《周易》刻苦勤奮，把編穿書簡的牛皮繩子都弄斷了多次。

為何被奉為聖人

孔子講述三皇五帝的治國策略，推崇周公輔佐周天子的方法，卻到處碰壁。

受挫反而使他在教育方面有了不少建樹。很多年輕人想要出人頭地、建功立業、飛黃騰達就找到了儒家這條最好走的路，拜在孔子門下。

而作為普通老百姓，他們並不想出人頭地去當官，只是想平平淡淡地生活，所以對孔子充滿了嘲諷。

孔子派弟子去問路，路人說：「天下到處都動盪不安，誰能改變這種現狀呢？你與其跟著那逃避暴亂的人四處奔走，還不如跟著我們這些躲避亂世的人呢？」

孔子知道後失望地說：「我們也想居住在山林裡與鳥獸同群，要是天下太平，我也用不著到處奔走想改變這個局面了。」

有一天，孔子的弟子問除草的老人見到他老師了嗎，老人說：「你們這些人四肢不勤勞，五穀分辨不清，誰是你的老師我怎麼會知道？」

這些事不是說明孔子有多坎坷，而是說明孔子所執著的東西不是市場需求的。不是說明禮制有多糟糕，而是說明孔子所推崇的思想與那個群雄爭霸時代的不相適應。

孔子不僅不被諸侯所用，連普通老百姓也嘲諷鄙視他。

只有想發達的文人才會追捧儒家這種相對好走的仕途。

這樣看來貌似孔子並沒有重大的貢獻。可為什麼孔子在生活的時代得不到重用，而後世為何評價奇高無比？

他這套東西在亂世注定是行不通的，只會成為遙不可及的烏托邦，他的理論只有大一統的時代才會成為帝王的最愛。

魯哀公在孔子生前沒有用他。孔子死後，魯哀公為他作了一篇悼詞說：「老天爺不仁慈呀，不肯留下這位老人，讓他扔下我孤零零一人在位，我孤獨而又傷痛。啊！多麼痛！多麼痛！尼父啊，沒有人可以作為我學習的楷模了！」

孔子葬在魯城北面的泗水岸邊，他的弟子及魯國人相率前往墓旁居住的有一百多家，因而就把這裡命名為「孔里」。

魯國世世代代相傳，每年都定時到孔子墓前祭拜，而儒生們也在這時來這裡講習禮儀。後來人們修廟，用來收藏孔子生前穿過的衣服、戴過的帽子、使用過的琴、車子、書籍等，直到漢代，二百多年間沒有廢棄。

高帝劉邦經過魯地，用牛、羊、豬三牲俱全的太牢祭祀孔子。此後，諸侯、卿大夫、宰相一到任，通常是先去拜謁孔子墓，然後才去就職處理政務。這種傳統一直延續到後世，歷代帝王都尊孔、祭孔。

☯ 仁者愛人

孔子想當官恢復周禮，帶領學生周遊列國想實現這個美夢，可惜這是個不合時代的美夢，是一種空想，根本不會實現。

諸侯叛亂本身是一種暴力行為，是一種殺戮行為，是想要稱霸奪周王室的權。孔子卻想恢復周王朝，再加上一些漂亮話空口說教，有人聽嗎？能解決問題嗎？當然根本不會有人採用孔子的那一套！

諸侯需要的是打天下、稱霸諸侯的霸道，而不是守天下的王道。

孔子的哲學觀點是什麼？

孔子的貢獻在於他系統地整理、繼承和豐富了過去的文化遺產，創立了以仁禮為核心的哲學思想。

仁到底是什麼意思？我們先把仁的定義說清楚。連仁是什麼都很模糊，還怎麼去學習與應用？

春秋前期，人們把尊親敬長、愛護民眾、忠於君主和遵循禮儀的美德都叫作仁。孔子繼承和發揚了這一觀念，並且深化了仁的內涵。

仁，就是二人，親密的意思。孔子的弟子樊遲問孔子什麼是仁，孔子問答說：「仁者愛人。」人與人的關係，要友善相親、相互幫助。

「仁者愛人」這是儒家哲學的核心，即使放在現在人類社會也是至高的價值觀。

在家要愛子女、愛父母、講孝道；在外愛人民、忠君王。先愛自己的親人，然後普及到民，再推廣到萬事萬物的道理，按孟子的說法就是：「親親而仁民，仁民而愛物」。

仁推而廣之，反應在政治上就主張德治。仁說和禮說用在治國的方略上，就是為政以德。孔子說：「道之以政，齊之以刑，民免而無恥，道之以德，齊之以禮，有恥且格。」

那怎樣做才算仁？

孔子說，「夫仁者，己欲立而立人，己欲達而達人」。又說，「己所不欲，勿施於人」。

仁愛之人，自己對別人仁愛，別人才會對你仁愛，自己對別人寬容，別人才會對你寬容。如果能夠推己及人也就做到了仁。

這是儒家用於處理人際關係的重要原則，即忠恕，要求根據自己內心的體驗來推測別人的思想感受，達到推己及人的目的。忠恕之道，也就是仁道，是一種寬容和愛人的精神，是孔子的核心觀念。

內仁外禮

仁的第二個含義是克己復禮。在答復弟子顏淵時，孔子說：「克己復禮為仁。」「克己」就是自覺地約束自

己,「復禮」就是一切言行要納於禮。人們通過克制自己,達到自覺守禮的境界,言行都合於禮,這也就是仁的境界。

那怎麼復禮呢?

子路問孔子:「假如國君等著您去治理國政,您首先準備處理的大事是什麼?」他回答說:「必先正名乎!」

大夫諸侯爭霸,以前天子才可議用的禮現在諸侯都在用,甚至出現臣弒君、子弒父等問題。社會動盪和變革,把原有的制度、秩序打亂了,出現了「禮崩樂壞」的局面,好多事情已經名實紊亂、名實不符了。「正」就是把已經紊亂了的、按原有的規定把它匡正過來,使之名與實相符,一切按周禮行事。

禮仁結合,納仁於禮,用仁來充實禮,這是孔子的創新。他說:「人而不仁,如禮何?人而不仁,如樂何?」就是說,禮樂只能由仁的人來實行,不仁的人是無法行禮樂的。

仁是禮的內在精神,禮是仁的外在表現。仁是禮的存在意義,禮是仁的表現形式。仁是禮的結合,這才是完美的制度。

孔子一直受追捧,但對其批判也是很多的,到現在也是褒貶不一。

禮制也好、法制也罷,其核心應該是仁,如果失去仁,失去仁愛,無論是禮還是法,都會變成糟糕的惡禮和惡法。

一項禮儀、一則法度,如果不是為了立人、達人、愛人、發展人,而是為了統治、壓榨、剝削,那就變成可怕的、束縛人的禮教和壓迫人的惡法。

那對現在有什麼啟示呢？

國家與企業的管理單靠法律和制度是遠遠不夠的，因為執法和管理同樣需要很高的成本，不可能管理到每一個細節，更不能深入人心。

唯有仁愛的理念深入人心，無論是治理國家、管理企業，還是生產產品、提供服務，才能以愛人的精神，才能以己所不欲勿施於人的態度去工作和生活。

就拿現代管理來說，如果上級關愛下級，下級對上級負責，國家、企業通過各種方式關心、關愛、發展、培養民眾、員工，那麼這樣的國家、企業一定很有凝聚力，生產的產品和提供的服務才有競爭力。

孔子的仁說，體現了人道精神；孔子的禮說，則體現了禮制精神。

第六章

孟子：仁義之道

孟子

☯ 孔子的翻版

孔子死後，儒家分為很多學派，其中比較有代表性的是孟子和荀子的學說。

孔子、孟子、荀子的經歷都是十分相似、十分坎坷的。特別是孟子與孔子的經歷尤其相似，幾乎是孔子的翻版。孟子對孔子十分尊崇，說，「自生民以來，未有盛於孔子也」；「乃所願，則學孔子也」。

孟子也是沒落貴族、效仿孔子帶領弟子遊歷齊、宋、滕、魏、魯等國，前後有二十多年，他懷才不遇，隨後退隱與弟子一起著書。

孟子在學習和瞭解孔道之後，便去遊說齊宣王，齊宣王沒有任用他。於是到了魏國，梁惠王不但不聽信他的主張，還嘲諷他的主張不切實情、遠離實際。

當各諸侯國正致力於「合縱連橫」的攻伐謀略，把能攻善伐看作賢能的時候，孟子卻稱頌唐堯、虞舜以及夏、商、周三代的德政，因此他被他所周遊的那些國家嗤之以鼻。

於是孟子回到家鄉闡發孔子的思想學說，埋頭寫成《孟子》一書。

再天才的計劃，得不到應用，也只能是理論派的紙上談兵，甚至淪為空想。

當時，各諸侯國都在實行變革，秦國任用商鞅，使國家富足，兵力強大；楚國、魏國都任用過吳起，戰勝了一些國家，削弱了強敵；齊威王和宣王舉用孫臏和田忌等人，國力強盛，使各諸侯國都東來朝拜齊國。這些變革家，把自己的主張和知識應用到國家治理中，把理

論和實踐統一起來。

儒家呢？光有一肚子理論，就是不被重用，那只好去教學生。儒家弟子一大堆，對教育倒是有不小的貢獻。

孟子生活的時代，正是墨家學說和楊朱學說鼎盛的時代，這兩種學說如日中天。儒家老掉牙的主張人們已經毫無興趣了，儒家要發展，面臨著同墨家學說和楊朱學說的激烈競爭。

孟子說：「楊朱和墨翟的學說充盈天下，天下的觀點不是歸楊就是歸墨。」又說：「反對墨的必歸於楊，反對楊的必歸於儒。」

孟子痛斥楊、墨學派，說：「楊、墨之道不息，孔子之道不著。是邪說誣民，充塞仁義也。仁義充塞，則率獸食人，人將相食。吾為此懼，閑（衛）先聖之道，距楊、墨，放淫辭，邪說者不得作。」

孟子嚴厲地駁斥楊、墨的異端邪說，是要維護大禹、周公、孔子三個聖人的事業，他要正人心，就必須闢楊、墨。孟子甚至說：「能言距楊、墨者，就是聖人之徒。」

儒家為啥對楊、墨咬牙切齒，楊、墨為什麼又有這麼大的魅力吸引天下人？

墨家極度利人

墨子是了不起的大才，在中西方哲學史上，能出其右者有幾人？他無論是在人文科學還是在自然科學都有建樹。墨子在自然科學中的邏輯學、幾何學、物理學、光學等領域，均有突出的科學貢獻。

墨子學過木工，據說他製作守城器械的本領比魯班還要高明，善於機械製造與工程管理，而且熟悉戰爭攻略。

墨子言行一致，不虛偽，還謙虛地自稱是「鄙人」，人們也都稱他為「布衣之士」。

墨子同情社會底層人士，年少時決心去拜訪天下名師，學習治國之道。於是穿著草鞋，步行天下，開始在各地遊學。

墨子剛開始師從儒者，學習孔子的儒學，頌揚堯、舜、大禹，熟讀《詩經》《尚書》《春秋》等儒家典籍。

但墨子慢慢發現，儒家對待天帝、鬼神和命運的態度根本不正確。儒家提倡的厚葬久喪和奢靡禮樂都是些華而不實的套路，於是他另立新說，創立了墨學，在各地聚眾講學，以激烈的言辭抨擊儒家和各諸侯國的暴政。

於是大批的社會低層士人開始追隨墨子，逐步形成了的墨家學派，成為儒家的主要反對派。

墨子提出了「兼愛」「非攻」「尚賢」「尚同」「天志」「明鬼」「非命」「非樂」「節葬」「節用」等觀點。

兼愛、非攻，就是要求人人平等互愛，「愛人若愛其身」，只要大家「兼相愛，交相利」，社會上就沒有強凌弱、貴傲賤、智詐愚和各國之間互相攻伐的現象了。

何為「兼相愛、交相利」？

墨子曰：「視人之國，若視其國；視人之家，若視其家；視人之身，若視其身。是故諸侯相愛，則不野戰；家主相愛，則不相篡；人與人相愛，則不相賊；君臣相愛，則惠忠；父子相愛，則慈孝；兄弟相愛，則和調。天下之人皆相愛，強不執弱，眾不劫寡，富不侮

貧，貴不傲賤，詐不欺愚，凡天下禍篡怨恨，可使毋起者，以相愛生也，是以仁者譽之。」

只有兼愛了，天下就太平了，就可以饑者得食、寒者得衣、勞者得息。

兼愛就是對所有人一視同仁，這與儒家所講的君臣、父子、夫妻的仁愛之道是相對立的。

天志、明鬼，就是說天有意志，天愛民，君主若違天意就要受天之罰，反之，則會得天之賞。

墨子主張從天子、諸侯國君到各級正長，都要「選擇天下之賢可者」來充當；而人民與天子國君，則都要服從天志、發揚兼愛、實行義政，否則，就是非法的，這就是「一同天下之義」。墨子要求君上任人唯賢，並提出「官無常貴，民無終賤」的主張。這就是所謂的尚同、尚賢。

這與儒家的君權神授、君王是天意安排、實施宗族禮制完全不同。

墨家非常強調節用、節葬，他們抨擊君主、貴族的奢侈浪費，尤其反對儒家看重的久喪厚葬之俗，認為那是浪費社會資源。墨家要求君主、貴族都應像古代三代聖王一樣，過著清廉儉樸的生活。墨子要求墨者在這方面也要身體力行。

墨子極其反對禮樂，甚至有一次出行時，聽說車是在向朝歌方向走，立馬掉頭。他認為音樂雖然動聽，但是會影響農民耕種、婦女紡織、大臣處理政務，上不合聖王行事的原則，下不合人民的利益，所以反對音樂。

墨子肯定天有意志，能賞善罰惡，能弘揚兼愛。他不讚同儒家提倡的天命，主張非命。他認為人的壽夭、貧富和天下的安危，治亂都不是由命運決定的，只要通

過人的積極努力，就可以達到富、貴、安、治的目標。

　　墨子反對儒家所說的「生死有命，富貴在天」，認為這種說法「繁飾有命、愚化民眾」，墨子看到儒家這種天命思想對人的創造力的消磨與損傷，所以提出非命。

楊朱極度利己

　　孟子和楊朱無冤無仇，楊朱到底是什麼觀點招致孟子如此憎惡？

　　這個世界很奇妙，就如太極的兩端，有陽就有陰，有極端的利人，就有極端的利己。

　　墨家要求兼愛，是極端的利人，不贊成墨家的往往都跑到楊朱這裡，成為極端的利己。

　　楊朱反對法先王，提倡無君論。

　　儒家言必稱堯舜，崇拜大禹、周公、孔子，把他們奉為聖人和後世的典範。

　　楊朱卻說：「有生就有死，人人皆如此，生有賢愚、貧賤之異，而死皆歸為腐骨，堯舜與桀紂並沒有什麼不同，所以聖人也沒什麼了不起。捨棄當今的人而去讚譽古代的先王，不就是在讚譽一堆枯槁的死人骨頭嗎？」因此他反對效仿什麼聖人、恢復什麼禮制，而是主張建立新的社會。

　　楊朱認為生命比一切都重要，而生命對人只有一次而已。因此，他強調的只是個人的利益，而不重視國家的利益，至於國君、諸侯、貴族之間的爭鬥關我屁事，從而導致了無君論。

　　人過留名、雁過留聲，做聖人可以流芳千古，你楊

第六章 孟子：仁義之道

朱就真的不想青史留名嗎？

楊朱說：「顧惜一時的毀謗與讚譽，使自己的精神與形體受到煎熬的痛苦，求得死後幾百年留下的名聲，這些名聲能復活你枯槁的屍骨嗎？這樣活著又有什麼樂趣呢？太古的事情早已完全消滅了，已經沒有什麼記載了；三皇的事跡好像有，又好像沒有；五帝的事跡好像明白，又好像是神話；三王的事跡有的隱藏了，有的顯示出來；以前的事情一億件中未必知道一件。當世的事情有的聽說了，有的看見了，一萬件中未必明瞭一件。眼前的事情有的存在著，有的過去了，一千件中未必明瞭一件。從太古到今天，年數無法數清，自伏羲以來三十多萬年，賢人與愚人，好人與壞人，成功的事情與失敗的事情，對的事情與錯的事情，沒有不消滅的，只是早晚、快慢不同罷了，貪圖虛無的名望真是愚蠢。」

像楊朱這樣只顧自己、不顧他人，那社會還怎麼運轉，國家還怎麼管理？

儒家提倡修身齊家治國平天下，先要學會做人，才能把自己的家庭管理好，然後再去管理國家，先把小的事情做好，再去做大的事情，但楊朱對此嗤之以鼻。

楊朱進見梁王，說：「治理天下簡單得很，就像在手掌上玩東西一樣容易。」梁王說：「先生連一妻一妾都管不好，三畝大的菜園都除不淨草，卻說治理天下就如同在手掌上玩東西一樣容易，不是笑話嗎？」

楊朱答道：「見到過那牧羊的人嗎？成百隻羊合為一群，讓一個五尺高的小孩拿著鞭子趕著羊群，想叫羊向東羊就向東，想叫羊向西羊就向西。為什麼能吞沒船隻的大魚不到支流中遊玩，鴻鵠在高空飛翔而不落在池塘上？因為它們的志向極其遠大。黃鐘大呂這樣的音樂

不能給繁雜湊合起來的舞蹈伴奏，因為它們的音律很有條理。做大事的人不做小事，成就大事的人不成就小事。」

梁王：「說得好聽，那具體怎麼治理國家呢？」

楊朱說：「古之人，損一毫利天下，不與也；悉天下奉一身，不取也。人人不損一毫，人人不利天下，天下治矣。人人治內貴己，互不侵、損，人人自重自愛，不就各安其所，天下不就治理了嗎？」

楊朱又用子產和他兄弟的故事舉例。

子產當鄭國的宰相三年，治國有方，好人服從他的教化，壞人害怕他的禁令，各國諸侯都害怕鄭國。但是子產的哥哥嗜好飲酒，弟弟嗜好女色。哥哥家裡的酒有一千壇，離他家很遠酒氣就撲鼻而來。哥哥只顧喝酒，不管時局的安危、道德的好壞、家業的有無、親族的遠近、生死的哀樂。弟弟的後院並列著幾十個房間，裡面都住著挑選來的年輕貌美的女子。弟弟沉迷於女色，遠離一切親戚、斷絕和所有朋友的聯繫，躲到了他的後院，三個月才出來一次。然而這樣的生活他還覺得不過癮，發現鄉間有美女，一定要弄到手才罷休。

子產日夜為哥哥和弟弟憂愁，悄悄地到朋友那裡討教辦法，說：「不是說修身齊家治國平天下，由近及遠嗎？我治理鄭國已經成功了，但自己家中卻一團亂麻。難道我的方法錯了嗎？有什麼辦法挽救我這兩個兄弟呢？」

朋友告訴子產用性命的重要去曉喻他們，用禮義的尊貴去誘導他們。

子產採用了朋友的建議，找了個機會去見他的哥哥和弟弟，告訴他們說：「人比禽獸尊貴的地方，在於人

有智慧思慮。智慧思慮所依據的是禮義。如果你們遵循了禮義，那麼名譽和地位也就來了；如果你們放縱情欲，沉溺於美酒和女色，那麼性命就危險了。你們要是聽我的話，早上悔改，晚上就會得到俸祿了。」

哥哥和弟弟說：「這些道理我們早就知道，但我們樂意這樣嗜欲生活。你以為天下就你最聰明嗎？你想尊重禮義以便向人誇耀，抑制本性來換取名譽，我們卻覺得你這樣做還不如死了好。人生不就應該享受嗎？我們要享盡一生的歡娛，受盡人生的樂趣，我們只擔心肚子破了還不能放肆地去喝酒，精力疲憊了還不能放肆地去淫樂，沒有工夫去擔憂名聲的醜惡和性命的危險。而且你以治理國家的才能向我們誇耀，想用漂亮的詞句來擾亂我們的心念，用榮華富貴來引誘我們改變意志，不也鄙陋而可憐嗎？我們倒要和你辨別一下。善於治理身外之物的，外物未必能治好，而自身卻有許多辛苦；善於治理身內心性的，外物未必混亂，而本性卻十分安逸。以你對身外之物的治理，那些方法可以暫時在一個國家實行，但並不符合人的本心；而我們對身內心性治理的方法可以推廣到天下，君臣之道也就用不著了。我們還經常想用這種辦法去開導你，今天你卻反而要用你那辦法來教育我們。」

子產茫然無話可說。過了些天，他把這事告訴了朋友。朋友說：「你的兄弟真是高人啊！你同高人住在一起卻不瞭解他們，虧你還是聰明人。鄭國的成功治理不過是機遇和運氣，並不是你的功勞啊！」

楊朱看來，貴己為我，便是讓人人治理天下之道。

楊朱說：「伯成子高不肯用一根毫毛去為他人謀利益，所以辭官隱居種田去了；大禹要用自己的身體為全

國謀利益，結果全身殘疾。如果要古時候的人損害自己一根毫毛去為天下謀利益，他是不肯的；如果把天下的財物都用來奉養他自己的身體，他也不願要。人人都不損害自己的一根毫毛，人人都不為天下人謀利益，天下自然就太平了。」

墨子的首席弟子禽滑厘與楊朱辯論道：「既然這樣說，現在取你身上一根毫毛以救濟天下，你願意嗎？」

楊朱說：「天下本來不是我一根毫毛所能救濟的。」

禽滑厘說：「現在就假如你一根毫毛能救濟天下，你願意拔一根毫毛嗎？」

楊朱不吭聲。

禽滑厘以為自己辯論勝利了。出門後楊朱的弟子告訴禽滑厘：「你不明白我老師的心，請讓我來說說吧。如果有人侵犯你的肌肉皮膚便可得到一萬金，你願意嗎？」

禽滑厘說：「願意！」

楊朱的弟子又說：「如果有人砍斷你的一節身體便可得到一個國家，你願意嗎？」

禽滑厘沉默了。

楊朱的弟子接著說：「一根毫毛比肌肉皮膚小得多，肌肉皮膚比一節身體小得多，這大家都知道。然而把一根根毫毛累積起來便成為肌肉皮膚，把一塊塊肌肉皮膚累積起來便成為一節身體。一根毫毛本是整個身體中的萬分之一，為什麼要輕視它，隨便拔取呢？」

禽滑厘說：「我不能用更多的道理來說服你。如果問老子、關尹，他們肯定認為你的話就是對的；如果去問大禹、墨子，他們肯定認為我的話是對的。」

楊朱的弟子問楊朱說：「尊貴生命、愛惜身體就能

不死嗎？」

楊朱說：「沒有不死的道理。」

弟子又問：「那麼求長壽，可以嗎？」

楊朱說：「沒有長壽的道理。生命並不因為尊貴它就能存在，身體並不因為愛惜它就能壯實。再說了，人活那麼長久幹什麼呢？人的情欲好惡，古代與現在一樣；身體四肢的安危，古代與現在一樣；人間雜事的苦樂，古代與現代一樣；朝代的變遷治亂，古代與現在一樣。已經聽到了，已經看到了，已經經歷了，活一百年都嫌太多，如果再長久地活著更是苦惱。」

弟子說：「既然這樣，早點死亡比長久活著更好，那麼踩劍鋒、刀刃，入沸水、大火，很輕易就滿足願望了。」

楊朱說：「不是這樣的。已經出生了，就應當聽之任之，想幹什麼就幹什麼，一直到死亡。將要死亡了，就應當聽之任之，屍體該放到哪裡就到哪裡，一直到消失。一切都放棄努力，一切都聽之任之，何必那麼在乎早死與晚死呢？」

屍體該放到哪裡就到哪裡？聽之任之？簡直不講禮儀，這和動物有什麼區別呢？

楊朱認為禮儀無用，祭奠不需要犧牲食品，埋葬也不用擺設冥間器具。楊朱用晏嬰和管仲（管仲和晏嬰同為齊相，管先晏後）的對話來舉例。

晏嬰向管仲詢問養生之道。管仲說：「養生之道就是放縱罷了，不要壅塞，不要阻擋。」

管仲的這翻話讓晏嬰大跌眼鏡，「還沒聽說過放縱就是養生，那具體怎麼做呢？」

管仲說：「耳朵想聽什麼就聽什麼，眼睛想看什麼

就看什麼，鼻子想聞什麼就聞什麼，嘴巴想說什麼就說什麼，身體想怎麼舒服就怎麼舒服，意念想幹什麼就幹什麼。耳朵想聽悅耳的聲音，卻聽不到，就叫作阻塞耳聰；眼睛想見漂亮的顏色，卻看不到，就叫作阻塞目明；鼻子想聞花椒與蘭草，卻聞不到，就叫作阻塞嗅覺；嘴巴想說誰是誰非，卻不能說，就叫作阻塞智慧；身體想追求的舒服是美麗與厚實，卻得不到，就叫作抑制舒適；意念所想做的是放縱安逸，卻做不到，就叫作抑制本性。凡此種種阻塞，都是殘毀自己的根源。而清除殘毀自己的根源，放縱情欲一直到死，即使只有一天、一月、一年、十年，就是我所說的養生。留住殘毀自己的根源，執著追求殘毀自己的根源，憂懼煩惱就會一直伴隨到老，即使能活一百年、一千年、一萬年，也不是我所說的養生。」

這和儒家的「非禮勿視、非禮勿聽、非禮勿言、非禮勿動」的克己復禮主張完全相反！

管仲又說：「我已經告訴你怎樣養生了，那麼死後送葬又該怎樣呢？」

晏嬰說：「送葬就很簡單，還要我怎麼跟你說呢？」

管仲說：「我就是想聽聽。」

晏嬰說：「既然已經死了，還能由得了我嗎？燒成灰也行、沉下水也行、埋入土中也行、露在外面也行、包上柴草扔到溝壑裡也行、穿上禮服繡衣放入棺椁裡也行，怎麼弄都行。」

管仲說：「養生與送死的方法，我們兩人已經說完了。」

楊朱用晏嬰和管仲的對話來表達他的觀點，在他看來，用外部虛無的「禮」來克制慾望，這樣的人生是沒

有意義的，泯滅人欲的生活和死亡有什麼區別？伯夷不是沒有慾望，但過於顧惜清白的名聲，以至於餓死了；展季不是沒有人情，但過於顧惜正直的名聲，以至於宗人稀少。

原憲在魯國十分貧窮，子貢在衛國經商掙錢。原憲因貧窮損害了生命，子貢因經商累壞了身體。那麼貧窮也不行，經商也不行，怎樣才行呢？楊朱說，正確的辦法在於使生活快樂、身體安逸。所以善於使生活快樂的人不會讓自己陷入貧窮，善於使身體安逸的人不會去經商。

照楊朱這麼說，人生就應該盡情縱欲啦？

百姓們得不到休息，是為了四件事忙碌：一是為了長壽，二是為了名聲，三是為了地位，四是為了財貨。有了這四件事，便害怕鬼神、害怕別人、害怕威勢、害怕刑罰，這叫作逃避自然的人。這種人可以被殺死，也可以活下去，控制他們生命的力量在自身之外。

不違背天命，為什麼要羨慕長壽；不重視尊貴，為什麼要羨慕名聲；不求取權勢，為什麼要羨慕地位；不貪求富裕，為什麼要羨慕財貨。這種不違背天命，不重視尊貴，不求取權勢，不貪求富裕的人叫作順應自然的人。這種人天下沒有敵手，控制他們生命的力量在自身之內。

這聽起來很有道理，我們經常抱怨外部環境怎麼不好，卻忽視自己的慾望過盛。

楊朱說要輕物重生，適當的滿足慾望。高大的房屋、華麗的衣服、甘美的食物、漂亮的女子，有了這四樣，又何必再追求另外的東西呢。有了這些還要另外追求的，是貪得無厭的人性。

楊朱不認同儒家的忠義之說他認為：忠並不能使君主安逸，恰恰能使他的身體遭受危險；義並不能使別人得到利益，恰恰能使他的生命遭到損害。使君上安逸不來源於忠，那麼忠的概念就消失了；使別人得利不來源於義，那麼義的概念就斷絕了。

現在有名聲的人就尊貴榮耀，沒有名聲的人就卑賤屈辱。尊貴榮耀便安逸快樂，卑賤屈辱便憂愁苦惱。憂愁苦惱是違反本性的，安逸快樂是順應本性的。這些是與實際生活緊密相關的，所以怎麼能不要名聲？只是擔心為了堅守名聲而損害了身體啊！為了堅守名聲而危險到滅亡啊！

楊朱所說的「為我」就是不侵犯他人。他說：「人要運用智慧而不依仗力量，智慧能保存自己而可貴，力量因侵害外物而低賤。身體既然出生了，就不能不保全它；外物也不是我所有的，既然存在著，便不能拋棄它。雖然要保全生命，卻不可以佔有自己的身體；雖然不能拋棄外物，卻不可以佔有那些外物。

「佔有那些外物、佔有自己的身體，就是蠻橫地把天下的身體屬於己有、蠻橫地把天下之物屬於己有。不蠻橫地把天下的身體屬於己有、不蠻橫地把天下之物屬於己有的，大概只有聖人吧！能把天下的身體歸公共所有、把天下的外物歸公共所有，大概只有至人吧！這才能叫作最崇高最偉大的人。」

楊朱的不法先王、不重禮儀、不貪名利、不忠不義、不拔一毛的「貴己」「為我」「重生」思想是對儒家的徹底否定，難怪孟子對他恨得咬牙切齒！

之所以花這麼長篇幅說楊朱，就是說楊朱思想有值得人們借鑑的意義。

楊朱的「貴己」，認為己身之最貴重者莫過於生命，生難遇而死易及，這短促的一生，應當萬分貴重，要樂生，一切以存我為貴，不要使生命受到損害，去則不復再來。楊朱倡導全性保真，就是順應自然之性，生既有之便當全生，物既養生便當享用之，但不可逆命而羨壽，聚物而累形，只要有「豐屋美服，厚味姣色」滿足生命就夠了，不要貪得無厭，不要為外物傷生。

自縱一時，勿失當年之樂；縱心而動，不違自然所好；縱心而遊，不逆萬物所好；勿矜一時之毀譽，不要死後之餘榮；不羨壽、不羨名、不羨位、不羨貨，乃可以不畏鬼、不畏人、不畏威、不畏利，保持和順應自然之性，自己主宰自己的命運。這種思想在當時影響很大。

這種順應自然、保全自己的想法和道家有類似，所以後世有人把楊朱學說勉強歸於道家。

楊朱學派雖然只是曇花一現，但楊朱的思想後世延綿不絕。雖然很多人秉持這種思想但是不敢言說，因為他們害怕這種極端自利的想法，一說出來就會被罵。

楊朱是不是小人，我不敢說，但楊朱很真、不裝，盡說大實話，不說漂亮話。

楊朱的「貴己」「為我」，真的是很多人抨擊的「自私自利」「只顧自己」「頹廢墮落」嗎？

不要忽略了他所處的背景，在諸侯紛爭、相互侵略的時代，君王厚生而致使臣民輕死，仁義禮智之說，已成虛偽之談。

春秋無義戰，寶貴的生命為了貴族爭奪王權而犧牲，實在不值得！寶貴的生命只有一次，讓老百姓上前線打仗保衛貴族的國家、替諸侯爭奪王權，休想，人們

自然是一毛不拔！

☯ 用「仁愛」去戰勝墨家「兼愛」

面對正如日中天的墨家學說和楊朱學說，孟子該如何與他們PK呢？

墨子大公無私，讓人感動落淚，如此精通科技，擅長機械和工程，是那些誇誇其談者無法企及的。儒家該如何駁斥墨子學說呢？

儒家創始人孔子提出，仁者愛人、仁者親也，他的仁愛和墨子提出的兼愛難道不是一個意思嗎？為何儒家不僅不讚成墨家，還說墨子和楊朱一樣無君無父乃禽獸爾！

孟子說，墨家的兼愛完全不對！

現在請讀者思考一下，你能像愛自己的母親一樣去愛別人的母親嗎？能像愛自己的妻子一樣去愛別人的妻子嗎？能像愛自己的兒子一樣去愛別人的兒子嗎？你能同樣地去愛殺死你親人的敵人嗎？你能同樣地去愛壞蛋嗎？

不行，我做不到！

那就對了。兼愛要求不分親疏厚薄、不分貴賤貧富、不分人我彼此，對所有人無差別地愛，墨家認為只有無差別的愛才不會導致相互攻伐。墨家這不是胡說八道嗎？這種違背人性的觀點，不是禽獸的主張又是什麼？

那孟子的仁愛呢？

儒家的仁愛以家庭為單位，優先愛自己的親人，然後通過「善」（同情心、是非心、羞恥心、惻隱心）慢

慢向外擴展，比如通過同情心擴展到「老吾老以及人之老，幼吾幼以及人之幼」，並不是說不分差別地愛所有老幼，而是能夠同情和可憐其他老幼，在照顧好自家老幼且能力之餘，再去關愛別的老幼，也就是孟子所說的「窮則獨善其身，達則兼濟天下」。先關愛親近的人，然後再去關愛值得愛的人、應該愛的人。兼愛和仁愛是有差別的！

貌似有理，然後呢？孟子的仁愛會擴展到哪裡？從對親情的愛擴展到對君王的愛，搞什麼父慈子孝、君仁民忠、忠孝一體，對吧？像服侍自己的父母一樣服侍統治者，是嗎？

很不幸，孟子的所說的仁愛其實就是這個樣子。

那孟子的思想是在奉迎君王嗎？

所以孟子又道：「民為貴，社稷次之，君為輕。」意思是說，人民放在第一位，國家其次，君在最後。君主不能光是要人民愛他，他應以愛護人民為先，為政者要保障人民權利。

用「義」戰勝楊朱的「貴己」

楊朱雖然沒有墨子那麼「高大上」，甚至顯得有些低端，但人家說的也頭頭是道，還有一大堆信徒，要駁斥楊朱的觀點也是十分困難的。孟子該怎麼辦呢？

孟子發現，人其實並不怕死，只是要死得值得。從古至今，並不是楊朱所說的人人都貪生怕死，還是有無數的仁人志士敢於流血犧牲，他們到底是為了什麼？

孟子終於想到了他們為的是什麼，並給它起名叫「義」。為了義去死，就死得其所，就視死如歸。

什麼是義？孟子說是比生命更重要的東西。

你怕死？你可知道義是什麼？當你知道了義的意義，你就將生死置之度外了。

什麼是不義？孟子說是比死亡更令人憎惡的東西。

義是孟子提出的重要哲學概念。他在許多地方都提到過義。如，我們耳熟能詳的《魚我所欲也》中說：

「生，亦我所欲也；義，亦我所欲也。二者不可得兼，舍生而取義者也。生亦我所欲，所欲有甚於生者，故不為苟得也。死亦我所惡，所惡有甚於死者，故患有所不闢也。

「一簞食，一豆羹，得之則生，弗得則死。呼爾而與之，行道之人弗受；蹴爾而與之，乞人不屑也。

「萬鐘則不辯禮義而受之，萬鐘於我何加焉！為宮室之美，妻妾之奉，所識窮乏者得我與？鄉為身死而不受，今為宮室之美為之；鄉為身死而不受，今為妻妾之奉為之；鄉為身死而不受，今為所識窮乏者得我而為之：是亦不可以已乎？此之謂失其本心。」

孟子與同時代流行的墨家、楊朱學說的辯論中，發展了儒學，在孔子「禮」「仁」的基礎上，發展了「仁」，創造了「義」，開拓出「仁義之道」。

第六章　孟子：仁義之道

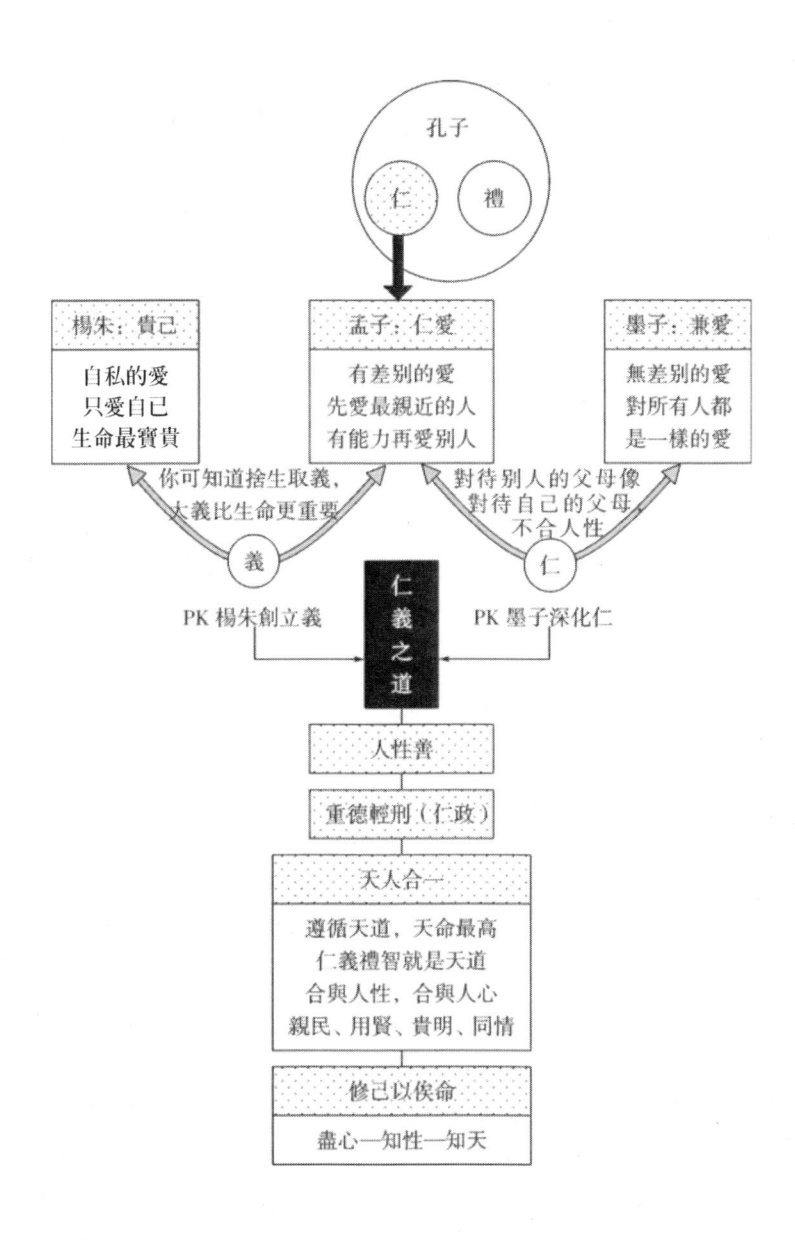

```
                        孔子
                     ┌─────────┐
                     │ 仁   禮 │
                     └────┬────┘
                          ↓
   ┌──────────┐    ┌──────────┐    ┌──────────┐
   │楊朱：貴己│    │孟子：仁愛│    │墨子：兼愛│
   ├──────────┤    ├──────────┤    ├──────────┤
   │ 自私的愛 │    │ 有差別的愛│    │無差別的愛│
   │ 只愛自己 │    │先愛最親近的人│ │對所有人都│
   │生命最寶貴│    │有能力再愛別人│ │是一樣的愛│
   └──────────┘    └──────────┘    └──────────┘
         你可知道捨生取義        對待別人的父母像
         大義比生命更重要        對待自己的父母，
                                 不合人性
              義                        仁
                     ┌─────┐
         PK 楊朱創立義│仁義│ PK 墨子深化仁
                     │之道│
                     └──┬──┘
                        │
                     ┌──────┐
                     │ 人性善│
                     └──┬───┘
                     ┌──────────┐
                     │重德輕刑(仁政)│
                     └──┬───────┘
                     ┌──────┐
                     │天人合一│
                     ├──────┤
                     │遵循天道，天命最高│
                     │仁義禮智就是天道│
                     │合與人性，合與人心│
                     │親民、用賢、貴明、同情│
                     └──────┘
                     ┌──────┐
                     │修己以俟命│
                     ├──────┤
                     │盡心─知性─知天│
                     └──────┘
```

☯ **性善**

　　孟子的主要哲學思想就是提出了性善論，就是說人天生就具有善良的本性。孟子說：「人之所不學而能者，

其良能也；所不慮而知者，其良知也。」

這不就是我們常說的「人之初，性本善」嗎？

是的，南宋朱熹補充為「人之初，性本善」，明代王陽明繼承並發展出「致良知」，這些主張都是從孟子這裡延伸而來。

儒家學派的創始人孔子都沒有討論過性善、性惡，孟子卻提出人性是善良的，他怎麼證明？

孟子在《告子上》有很好的說明：惻隱之心，人皆有之；羞惡之心，人皆有之；恭敬之心，人皆有之；是非之心，人皆有之。惻隱之心，仁也；羞惡之心，義也；恭敬之心，禮也；是非之心，智也。仁、義、禮、智，非由外鑠我也，我固有之也。

孟子歸納出仁、義、禮、智，並認為這些是人們與生俱來的東西，不是出生後慢慢學習來的。

這同西方哲學家笛卡爾提出存在「理性」「心靈」很相似。笛卡爾認為每個人天生就具有邏輯推理、計算分析的能力，不是後天學習來的，而動物就不具備這種能力。笛卡爾的哲學是劃時代的，給後世哲學帶來精神與物質分離的二元論棘手問題。

孟子說每個人天生就具有惻隱之心、羞惡之心、恭敬之心和是非之心，這是因為具有這些本性才稱之為人，而動物就不具備。孟子的觀點同樣給後世帶來到底人性是善還是惡的長期爭論。

感覺西方哲學家大多數都是科學家，中國哲學家大多數都是想治國理政的人，是這樣的嗎？

的確是這樣的。所以西方哲學離不開科學的發展，科學家每次發現新的理論都會給思想界帶來震撼，帶來新的哲學觀點；中國哲學離不開歷史和政治現實，不同

的時代、不同的背景，社會需要的哲學觀點就不一樣。

孟子提出性善論肯定有什麼目的吧。否則為什麼不像笛卡爾一樣提出「人天生具備邏輯思維能力」「人天生具備計算分析能力」「人之天生就具備掌握音樂的能力」？

不錯，哲學家提出某個假定都是為了推理、論證出他想要的東西。

孟子看來，既然仁、義、禮、智是人們與生俱來的，那麼不具備仁、義、禮、智的人和禽獸就沒什麼區別，就不能稱之為人！所以，即使人慢慢長大也不能受外部環境的影響泯滅仁、義、禮、智。這樣，孟子就把仁、義、禮、智變成了人們普遍應該遵守的道德規範。

原來是這麼個論證過程啊！

孟子認為，仁、義、禮、智四者之中，仁、義最為重要。而仁、義的基礎是孝、悌，孝——孝順父母、悌——尊敬兄長。孝、悌是處理父子和兄弟血緣關係的基本的道德規範，然後再推而廣之，要求人們做到「父子有親，君臣有義，夫婦有別，長幼有序，朋友有信」。如果每個人都用仁義來處理各種人與人的關係，社會秩序的穩定和天下的統一就有了可靠保證。

仁政

統治者統治萬民，不過兩手：鎮壓與教化。孔子在治國方略上主張以德為主、以刑相輔，即「道之以德，齊之以禮」，用道德和禮教來管理民眾，民眾不但有廉恥而且民心歸服，才是最高尚的政治。最完美的政治應當是免刑、無訟和去掉殘暴、免除虐殺。

孟子在孔子重德輕刑的「德政」的基礎上提出了「仁政」（也叫義政，就是儒家所說的推行王道），主張「省刑罰，薄稅斂」，提倡以教化為主，「善政，民畏之；善教，民愛之」。孟子從歷史經驗總結出：夏商周「三代之得天下也以仁，其失天下也以不仁，國之所以廢興存亡者亦然」。他曰，「暴其民甚，則以身弒國亡」，又說，「得道多助，失道寡助」。

就是說如果統治者實行仁政，可以得到人民的衷心擁護；反之，如果不顧人民死活，推行虐政，將會失去民心而變成獨夫民賊，被人民推翻。

什麼是仁政呢？

孟子發展了孔子的「仁」，孟子解釋「仁」就是「人心」。《孟子》一書中把「仁政」深化為五點：一是親民，「與百姓同之」「與民同樂」；二是任用賢良，「為天下得人者謂之仁」「尊賢使能，俊杰在位」「賢者在位，能者在職；明其政刑」；三是以民為本，「民為貴，社稷次之，君為輕」；四是重義輕利，舍身取義，「生，亦我所欲也；義，亦我所欲也。二者不可得兼，舍生而取義者也」，要以「禮義」來約束自己的一言一行，不能為優越的物質條件而放棄禮義，「萬鐘則不辨禮義而受之，萬鐘於我何加？」；五是殺無道，仁政的基礎就是要踐行民貴君輕的主張，君主必須重視子民，君主如有大過，臣下則諫之，如諫而不聽可以易其位。至於像桀、紂一樣的暴君，臣民可以起來誅滅之。孟子推行王道，反對實行霸道（即用兼併戰爭去徵服別的國家），要用仁政爭取民心的歸服，以不戰而服，即他所說的「仁者無敵」，只要實行王道（仁政）就可以無敵於天下。

如何實施仁政呢?

孟子看到了諸侯爭戰,土地被貴族和地主強取豪奪,老百姓流離失所、食不果腹。於是說:「夫仁政,必自經界始。」「經界」意思就是劃分和整理田界,分給每家農戶五畝之宅,百畝之田,讓他們吃穿能自給自足。只有使人民擁有「恒產」,固定在土地上,安居樂業,他們才不去觸犯刑律,為非作歹。故孟子說:「民之為道也,有恒產者有恒心,無恒產者無恒心。」

人民的物質生活有了保障,統治者再興辦學校,用孝悌的道理進行教化,引導他們向善,這就可以造成一種「親親」「長長」的良好道德風尚,即「人人親其親、長其長,而天下平」。君王實行仁政,君王要像父母關愛子女一樣關愛人民、關心人民的疾苦,人民應該像對待父母一樣去親近、服侍君王,就可以得到天下人民的衷心擁護,實現天下大治。

天人合一

在古人的思想觀念中,人們的富貴貧賤、吉凶禍福以及死生壽夭、窮通得失,乃至科場中舉、貨殖營利,有一種取決於冥冥之中,人類自身不能把握的一種力量,那就是命運。

普通人相信命運也就算了,孔子這個知識淵博的大儒,怎麼也會相信命運呢?

孔子早年風塵僕僕,奔走列國,那時的他是絕對不相信命運的,他相信只要努力就一定能幹一番轟轟烈烈的事業,即使到處碰壁,也一往無前。

可是到了後來,他處處受挫,經過各種努力,還是

沒法當上官，而當時他已是個五十歲的老頭了，與年輕時血氣方剛、光芒萬丈的理想相去甚遠。

那時候，孔子才深深地省悟到，命運之神竟是如此的厲害！

孔子「五十而知天命」：算了吧，原來當老師就是我的天命，那我就不要再糾結於當官了，認命吧，開心當老師吧。

於是孔子和他的弟子們開始鼓吹「死生有命，富貴在天」「不知命，無以為君子」「君子居易以俟命，小人行險以徼幸」的思想。

孔子認為，一個人的生死貧富都是命裡早就注定了的。作為一個君子來說，非得知命不可，否則就夠不上做「君子」的資格。正因為君子是「知命」的，所以他能安分守己，服從老天爺的安排，但是小人卻不這樣，他們冒險去妄求非分的利益。

孟子繼承了孔子的天命思想，並有所發展。孟子講天講的特別多，提出了天人合一。

那麼什麼是天人合一？

孟子認為天合乎於人，合乎於人性，合乎於人心，孟子認為天就是正義、道德、良心、人間的倫理。

難怪我們經常說「對天發誓」，原來是受了孟子天就代表正義和道德的影響。天好像和正義、道德並沒有什麼關係吧？

天和正義、道德本來就沒什麼關係，天不能代表正義和道德。只是當人們無論再怎麼努力也無法改變現實的時候，總會寬慰自己：算了吧，這是天意！當人們再辯解也於事無補的時候；算了吧，憑天地良心好了！孟子把天和道德等同起來，一定程度上是主觀臆想，他認

為是那樣的，所以「天人合一」常被批評是唯心主義。

☯ 天命最高

孟子說，「莫之為而為者，天也；莫之致而至者，命也」。意思就是不做而成的是天意，不求而至的是命數。天命最高就是說天道是最高、最強大的，是有意志的。人世間的朝代更替、君王易位，以及興衰存亡、富貴窮達，均是由天命所定。天意是不可抗拒的，人應順天而行，「順天者昌，逆天者亡」。

☯ 天意就是人心、人性

「盡其心者，知其性也，知其性則知天矣。」孟子認為，人們要是能盡力擴充和發揮自己的「本心」——四心（惻隱、羞惡、辭讓、是非之心），就能認識自己的本性——四端（仁、義、禮、智），因為「本心」當中就包含著自己的本性，一旦「知性」，進而就可以認識「天命」。

這怎麼理解呢？

就是說國家的管理也好、企業的管理也好、家庭的管理也好，要順應人心，才能合乎人性，才能獲得人們支持，才能長久發展，才能長治久安，這就是天意。

得民心者得天下，就是合乎天意的！

☯ 修己以俟命

孟子說天（客觀世界）是按照順應人性、人心的規

律發展的，這是人所不能違反的。「……天將降大任於斯人也，必先苦其心志，勞其筋骨，餓其體膚，空乏其身，行拂亂其所為，所以動心忍性，增益其所不能……」這是說知識和能力必須經歷困難，經過挫折、失敗，不斷取得教訓，受到鍛煉，然後才能得之，拔苗助長，非但無益，反而有害，欲速則不達。

孟子還說:「夭壽不貳，修身以俟之，所以立命也。」意思是不論壽命長短，都不要改變對待天命的態度，修身養性，安分守己，等待和順應天命，切不可以懷非分的目的，這樣才可以安身立命。他又說:「莫非命也，順受其正。是故知命者不立乎岩牆之下。盡道而死者，正命也；桎梏死者，非正命也。」天底下人的吉凶禍福，無一不是天命，順天（道德）而行就能正命，所以懂得命運的人不站立在有傾倒危險的牆壁下面。因此，盡力行道而死的人所受的是天的正命，犯罪而死的人所受的不是天的正命。

天就是最高的道德標準，我的言行合乎了仁義，就合乎了天命，那我就會安身立命，如果不合乎仁義禮智的正道，去逆天而行做一些歪門邪道的事情，那只能不得好死、非命而亡。

不管怎樣，應該按照仁義而行，不能無緣無故地白白送死。孟子在這一點上發展了孔子的天命觀。

第七章

荀子：儒法融合

荀子

☯ 先秦思想的集大成者

　　荀子五十歲的時候才到齊國來遊說講學，曾先後三次擔任稷下學士的祭酒（用現代的話說就是在齊國設立的學術交流機構擔任首席研究員）。

　　後來，齊國有人毀謗荀子，荀子就去了楚國。春申君讓他擔任蘭陵的縣令，春申君死後，荀子被罷官，此後他便在蘭陵安了家。

　　韓非、李斯都是荀子的入室弟子，正是因為他的兩名弟子為法家著名代表人物，使很多人懷疑荀子是否屬於儒家，在中國歷史上受到許多人猛烈抨擊。

　　在孔子那個時代，周朝王室衰微，諸侯割據，亂端橫生，社會危機日益嚴重，所以常常喚起人們對周朝既往輝煌的懷念，希望恢復往日的安定秩序。孔子同樣希望以周朝禮樂制度為社會理想，以道德自律、道德教化為改造社會的手段，來實現天下大治。但孔子的主張缺乏對社會現實及真實人性現實的冷峻思考，所以不為當時政治所接納。

　　隨著時代的發展，出現了百家的爭鳴。孟子不再沉湎於對周禮的恢復，而是提出了「仁政」。但「仁政」骨子裡也是道德自律與道德教化。

　　難道儒家就是迂腐地空談大道理，其思想一點都不切實際，一點都不具有可操作性嗎？

　　看看商鞅，人家就在分析君主需要什麼。商鞅初入秦見孝公，第一次給孝公講帝道，講三皇五帝如何無為而治，但孝公不感興趣；帝道賣不出去，他就賣王道，第二次給孝公講如何學習文王用周朝的道德禮儀治國，

孝公仍不感興趣；最後商鞅提出了「霸道」，告訴孝公用法度來強大國家，稱霸諸侯，一統天下，此主張正合孝公之意，孝公很高興，就決心推行霸道。

在生存競爭激烈、現實非常殘酷的時代，諸王需要快速、便捷、可操作的治國方略。而儒家的「世而後仁」「善人教民七年，亦可以即戎矣」實在太漫長。先不說儒家空泛的道德說教管不管用，光是漫長的教化就讓諸侯等不及，說不定還沒教化上幾年，就被其他諸侯吞並了。

孔子、孟子為什麼不懂變通，明知行不通、沒人用，卻還不改初衷，到處推銷王道？為什麼不能像商鞅一樣適應市場？他們為什麼不改變一下呢？

清末學者譚嗣同大罵荀子：「兩千年來之政，秦政也，皆大盜也，兩千年來之學，荀學也，皆鄉愿也；惟大盜利用鄉愿，惟鄉愿媚大盜。」

意思就是說封建社會兩千年的政治體系，都和秦朝政治體系一樣是大盜政體；兩千年所遵循的學術體系，是荀子學說，都是鄉巴佬的願景罷了；只有大盜政體利用鄉愿學說，也只有鄉愿學說甘於為大盜政體服務！

孔子也不喜歡鄉愿，大罵道：「鄉愿，德之賊也！」

什麼是鄉愿？就是鄉巴佬的願望。鄉巴佬看似忠厚老實，實際沒有一點道德原則。有奶便是娘，誰給好處就跟誰走，誰給甜頭就支持誰。言行不一，當面一套、背後一套，到處討好，這種八面玲瓏沒有一點道德原則，君主需要什麼，就兜售什麼，只知道媚俗趨時的人就是鄉巴佬。

孔子是很想當官，但他堅持仁與禮，他是不會為了當官而放棄自己的主張，所以他感覺自己沒有鄉愿，不

放棄理想，不為名利改變原則，孟子也說他願意舍生取義。

那麼荀子究竟是鄉願者還是識時務者？荀子究竟是集大成者還是迎合君王者？

荀子生活的時代和孔子、孟子不同，他生活在戰國末期，他到過秦國，看到了秦國的強大，對秦國政治予以肯定。但他說：「秦國四位國君很有作為，秦國的強盛是必然的，而不是運氣。」但他同時又對秦國重視刑法吏治，輕視仁德儒士君子的方略不以為然。

荀子認為，秦國更多的是借助於暴力手段，用武力徵服他國，而缺乏儒家素來所倡導的義和德。如果秦國繼續堅持這種寡恩少義的強力政策，或許能贏得國家統一，但要鞏固國家統一恐怕很難。

荀子說的不無道理。他即便是嘴上說看不上法家，把秦國強大歸功於秦國國君的勵精圖治，但實際上他應該是無比欽佩商鞅的變法。因為荀子的學說主要就是發展了孔子仁和禮中的「禮」，並把它和「法」結合在一起，又汲取先秦諸子的合理成分，提出了新的哲學思想。

荀子廣泛吸收了先秦諸子的先進思想，是先秦思想的集大成者。

荀子集成了各類思想，那為什麼還說荀子是儒家呢？

其實荀子不應該叫儒家。荀子有點像西方哲學中的康德。在理性主義和經驗主義長期爭論不休的時代，以笛卡爾為代表的理性主義者說知識是人計算推理出來的，以牛頓、休謨等為代表的經驗主義者說人的知識是觀察實際總結出來的。康德集成了理性主義與經驗主

義，糅合了兩者的對立，說人的知識是通過計算推理與經驗總結共同作用獲取的。康德的哲學既不叫理性主義哲學，也不經驗主義哲學，而是叫批判（分析）主義哲學。

　　康德面對的是科學知識獲取上的爭論。荀子面對的是治理國家的爭論，究竟是儒家的德治好，還是法家的法治好？究竟是「法先王」，還是「法後王」？究竟是義重要，還是利重要？荀子時代百家爭論不休，比較突出的是法家和儒家的爭鋒。

　　荀子糅合了儒法思想，提出了義利並重，王霸兼施，禮法兼尊。實際上也是消融了儒家和法家的對立，認可了儒法共同作用的力量，比單純的法家、儒家更強大。

　　事實上荀子不能歸入儒家，但由於荀子的表述中，對各家都有所批評，尤其對法家是持不屑態度，唯獨推崇孔子的思想，認為孔子的仁禮是最好的治國理念，所以很多人就把荀子歸入儒家。

　　嗯，這樣來說，荀子的弟子韓非、李斯是法家就不難理解了，也難怪一些儒家不認可荀子。

　　孔孟的主張不受人歡迎，荀子把儒學改造，融合了法家的思想，讓它更能適應政治需求，探索出了儒學與政治的契合點，從此儒學不再是空談，能夠實踐，而且比單純的法家更有生命力。從而使得儒學在秦後漢儒那裡發揚光大，獲得獨尊之位，進而成為兩千年來封建統治的意識形態與指導思想。

性惡

孟子認為性善，荀子認為性惡。荀子說人性就是人的自然本性，是所謂「生之所以然者」。他認為人好色、好名、好權、好利、好慾望滿足，孔子光憑道德說教就能約束人嗎？孟子說要順應人心，可是人心如果不是仁、義、禮、智，而是豪宅、良田、女色、名利的貪婪，請問如何順應？

荀子認為人的這種天然本性的對物質生活的欲求是和道德禮儀規範相衝突的。他認為人性「生而有好利焉」「生而有疾惡焉」「生而有耳目之欲，有好色焉」，如果「從人之性，順人之情，必出於爭奪，合於犯紛亂理而歸於暴」。所以說人性是「惡」，而不是「善」。

人天然稟賦的性情是惡的，如果順應它的發展，必將引起人與人的爭奪、殘殺，導致社會的混亂，這就是性惡論。

那荀子有什麼解決性惡的好辦法呢？

化性起偽，重法隆禮

《荀子·性惡》：「故聖人化性而起偽，偽起而生禮義，禮義生而制法度。」

何為化性起偽？

偽就是人為，不是天生就有的，而是出生後人為養成的東西。化性起偽就是要變化先天的本性，興起後天的人為，用禮、法來改造人類的先天的惡性。

荀子提出「人之性惡，其善者偽也」，他認為凡是

沒有被教養過的人是不會為善的，荀子的人性論雖然與孟子的完全相反，可是他也同意，人人都能成為聖人。

荀子以為，「堯舜之與桀跖，其性一也，君子之與小人，其性一也」，就人的先天本性而言，都是惡，後天的賢愚不肖的差別是由於「註錯習俗之所積耳」。

後天的環境和經驗對人性的改造起著決定性的作用。通過後天的「其禮義，制法度」，轉化人的惡性，則「涂之人可以為禹」。

荀子認為人性本惡，生而好利、疾惡、縱欲，需要後天文明的熏陶、感化，於是產生了禮儀、法度。荀子主張禮儀和法度並重，提出重法隆禮。

荀子發展了孔子「禮仁」中的「禮」，肯定「禮」的作用。聖人治禮作樂，將社會分為上下有序的等級，以解決倫理的紛亂和物欲的爭鬥；詩、書、禮、樂等對人進行塑造，使人具有崇高的精神境界，「無偽則性不能自美。」

荀子憎惡亂世的黑暗政治。他看到亡國昏君接連不斷地出現，常常被裝神弄鬼的巫祝所迷惑，信奉求神賜福去災，被庸俗鄙陋的儒生拘泥於瑣碎禮節，沉溺酒色，欺壓百姓，敗壞風俗。

荀子看來，這些昏君根本不知道什麼仁義禮智，完全仰仗於君子大發「仁心」，完全靠「禮制」，根本行不通！

要結合法度來懲戒未來、減少犯罪、進行教化。

荀子推究儒家、墨家、法家、道家等活動的成功和失敗，提出了「性惡」和「重法隆禮」，是與其他儒者的重要不同點，其他儒者無論如何都要強調以德為主。

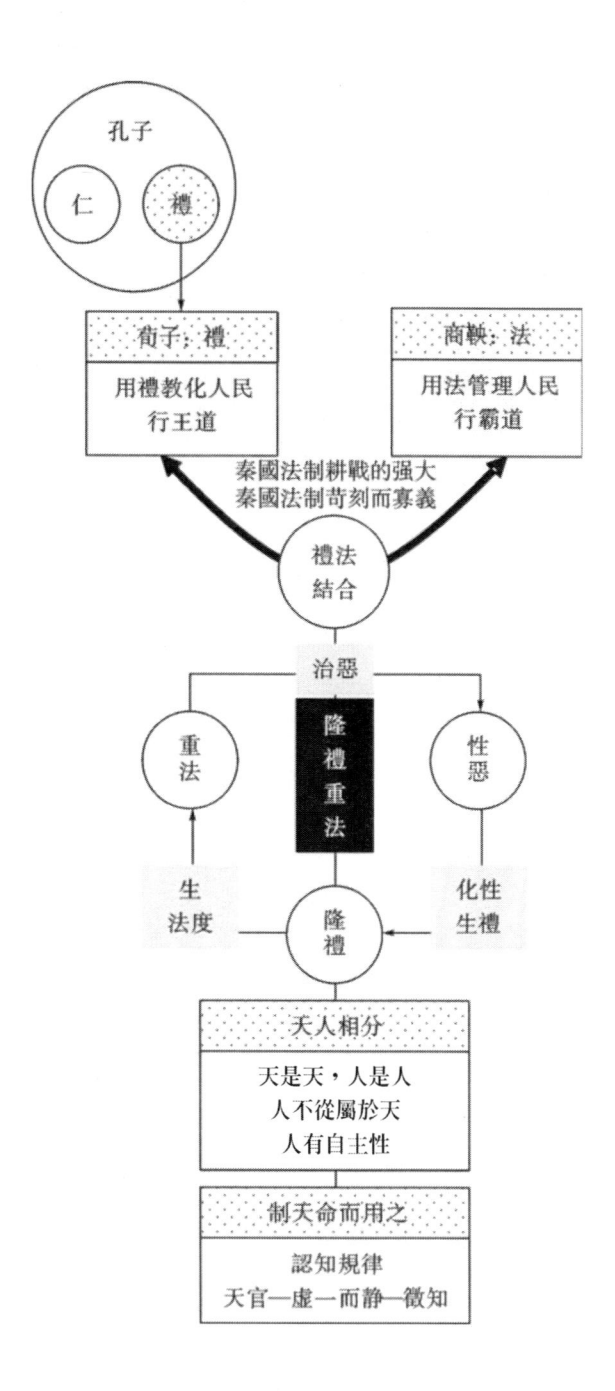

```
                    孔子
                 ┌─────────┐
                 │ 仁   禮  │
                 └────┬────┘
                      │
         ┌────────────┴────────────┐
         ▼                         ▼
   ┌──────────┐              ┌──────────┐
   │ 荀子：禮  │              │ 商鞅：法  │
   ├──────────┤              ├──────────┤
   │ 用禮教化人民│            │ 用法管理人民│
   │   行王道  │              │   行霸道  │
   └──────────┘              └──────────┘
         ↖      秦國法制耕戰的強大       ↗
              秦國法制苛刻而寡義
                     │
                   ┌───┐
                   │禮法│
                   │結合│
                   └─┬─┘
                     │
                    治惡
         ┌───────────┼───────────┐
         ▼           ▼           ▼
       ┌───┐      ┏━━━━┓       ┌───┐
       │重法│      ┃隆禮┃       │性惡│
       └─┬─┘      ┃重法┃       └─┬─┘
         │        ┗━┯━━┛          │
       生法度        │           化性
                  ┌─┴─┐           生禮
                  │隆禮│
                  └───┘
                    │
              ┌──────────┐
              │ 天人相分  │
              ├──────────┤
              │ 天是天，人是人│
              │ 人不從屬於天 │
              │ 人有自主性  │
              └──────────┘
              ┌──────────┐
              │ 制天命而用之│
              ├──────────┤
              │  認知規律  │
              │天官─虛一而靜─徵知│
              └──────────┘
```

禮法並舉，王霸統一

荀子糅合了禮法、王霸。

荀子說，「隆禮尊賢而王，重法愛民而霸」。

法是通過賞罰來維護社會秩序，只講法治，不講禮治，百姓只是畏懼刑罰，一有機會仍會作亂。荀子把「法治」稱為「暴察之威」，「禮治」稱作「道德之威」。法治至其極也不過為「霸」，而不能成「王」。

如果以禮義為本，則法治就可以更好地發揮作用了，「故禮及身而行修，義及國而政明，能以禮挾而貴名白，天下願，會行禁止，王者之事畢矣」。禮義是立法的精神，如果人們愛好禮義，其行為就會自然合法，甚至不用刑罰，百姓也能自然為善。荀子的禮法兼施、王霸統一，協調了禮法、王霸之爭，開創了漢代儒法合流的先河。

天人相分

有的人經過各種努力，經過各種磨難，理想還是無法實現，上天似乎專治各種不服，人力無論怎樣都無法勝出，直到快要老死還是無法改變。這就是天命嗎？

荀子根本不讚同孟子的天人合一、天命最高。

孔子說的天命，不過是兜售不合時宜、沒用的主張，都什麼年代了，還推崇周文王的治國策略，難道不該被淘汰嗎？

國家的治亂吉凶，還不是人搞的，怪怨天有什麼意義嗎？要怪就怪孔子自己，抱著不切實際的理想，反而

怪到天的頭上來，可真是會狡辯。

很多人把自己不夠努力、方法不對、條件不適宜、時機不成熟的失敗都歸罪於命運，不覺得羞恥嗎？那是你自己不會把握，關命運什麼事。

荀子提出了天人相分：天是天，你是你，世界那麼大，小小的你怎麼就能和天掛上關係，未免想太多；而大大的天，也不是為人類單獨而設，天怎麼就成了道德的代表呢？

自然界和人類各有自己的規律和職能。天道不能干預人道，天歸天，人歸人，故言天人相分不言合。治亂吉凶，在人而不在天。並且天人各有不同的職能，「天能生物，不能辨物，地能載人，不能治人」「天有其時，地有其才，人有其治」。

不要怨天尤人，不要相信天命最高！

荀子認為，天是自然現象，根本不是孟子所說的仁義道德。「列星隨旋，日月遞炤，四時代御，陰陽大化，風雨博施」。這些都是自然而然的，和人沒有任何關係，沒有任何神祕的色彩。

天是無目的的，根本沒什麼天意，天自然地生長，「不為而成，不求而得」。天是客觀存在的，有自己運行的客觀規律，不以人的主觀意志為轉移，「天行有常，不為堯存，不為桀亡」「天不為人之惡寒也，輟冬；地不為人之惡遼遠也，輟廣」。

荀子提出「明於天人之分」的觀點，把天與人嚴格區分開來。

制天命而用之

孟子把天看成人道，認為天就是人類的道德和正義。

荀子卻把天看成是世界運行的客觀規律，提出天人相分：天有客觀規律的，人有主觀能動性的，人可以利用自然規律改造自然。荀子提出了「制天命而用之」的思想，這是非常了不起的哲學思想，對當時君王貴族所推崇的天命主宰一切的宿命論提出了有力的批判。

在荀子看來，與其迷信天的權威，去思慕它、歌頌它、順應它，等待「天」的安排，不如利用自然規律為人服務。荀子說，「敬其在己者」，而不要「慕其在天者」，甚至以對天的態度作為君子、小人之分的標準。強調人在自然面前的主觀能動性，主張「治天命」「裁萬物」「騁能而化之」的思想，認識天道就是為了能夠支配天道而宰制自然世界。

如何制天命

孟子認為天就是道德和正義的代表；荀子認為天就是客觀規律。那麼我們應該如何制天命而用之，如何認識客觀規律呢？

荀子把認識規律叫作解蔽，意思是解除蒙蔽。

荀子和西方哲學家康德有很多相似處，一個是禮法、義利、王霸的集大成者，一個是理性主義與經驗主義的集大成者。

他們在研究方法上也十分相似。康德提出了歸納法

和演繹法結合使用獲取知識。荀子提出了「天官薄類」和「心有徵知」來認識事物。

「天官薄類」是什麼？「心有徵知」也沒聽說過？感覺好複雜！

天官就是天生的感官，指眼、耳、口、鼻、舌、身等。薄：通「薄」「迫」，迫近、接近。類：同類的事物。

「心有徵知」中的「心」指人的思維器官，西方哲學中叫作「心靈」「理性」，其功能為「徵知」。「徵知」就是對感覺（西方哲學叫經驗）進行分析、辨析和驗證，形成概念、判斷和知識。也就是說通過天生的感覺器官感知事物，獲取經驗，然後通過「心靈」分析獲取知識。

這實在是偉大的創舉，先秦時期就能提出這樣的認識論，真的很了不起！

荀子比西方哲學家康德更為厲害的是，他還提出了「虛壹而靜」解除蒙蔽的方法！

康德認為人類通過感官和心靈就能分析事物，獲取知識了。但荀子認為這還不夠，感官和心靈人人都有，但不是人人都能獲取正確的知識。為什麼呢？因為人事社會遠比自然科學複雜，西方哲學家研究自然科學往往都能得到統一的答案，同一道數學題，只有唯一的標準答案，所以只要按照同樣的方法，不管是誰，都會計算出正確的結果，沒有爭議。

但人事社會不同，小到一個家庭的爭吵，都很難說清楚誰對誰錯。正所謂「清官難斷家務事」，說明人事社會不是解數學題那麼簡單。大到國家的管理就更複雜，公說公有理婆說婆有理，百家爭鳴意見都不一致，個個說的都頭頭是道，到底採納誰的治國方略？

第七章 荀子：儒法融合

　　荀子說，大凡人的毛病，是被事物的某一個局部所蒙蔽而不明白全局的大道理。人們在偏見與大道理兩者之間拿不定主意就會疑惑。但是天下不會有兩種對立的正確原則，必須明辨是非。

　　現在諸侯各國的政治措施不同，各個學派的學說不同，那麼必定是有的對、有的錯，有的能導致安定、有的會造成混亂。昏君也好，無知學者也罷，這些人沒有不想治理好國家的，只是由於他們對正確的原則既嫉妒又帶有偏見，因而別人就能根據他們的愛好去引誘他們誤入歧途。

　　他們偏愛自己平時累積的知識經驗與學識，害怕聽到對自己學識的非議。他們憑自己所偏愛的學識去觀察與自己不同的學說，只怕聽到對異己學說的讚美。因此，他們與正確的治理原則背道而馳卻還自以為是，還不勒馬改正。

　　那麼，哪些東西會使人造成蒙蔽呢？

　　慾望會造成蒙蔽，憎惡也會造成蒙蔽；只看到開始會造成蒙蔽，只看到終了也會造成蒙蔽；只看到遠處會造成蒙蔽，只看到近處也會造成蒙蔽；知識廣博會造成蒙蔽，知識淺陋也會造成蒙蔽；只瞭解古代會造成蒙蔽，只知道現在也會造成蒙蔽。大凡事物有不同對立面的，無不會交互造成蒙蔽，這是人的心理或思想方法上一個普遍的禍害。

　　心能同時兼知兩物，你同時看到正反兩個對立面，並且能做到使兩物、兩個對立面不互相妨礙以影響認識，就謂之「壹」。不以混亂的思想淆亂正常的認識就是「靜」。「虛壹而靜」就是要在認識中排除干擾、精力專一、發揮思維的能動性，這樣的心理狀態荀子叫

「大清明」，認為這是認識的最高狀態。

　　墨子蒙蔽於只重實用而不知文飾，宋子蒙蔽於只見人有寡欲的一面而不知人有貪婪的一面，慎子蒙蔽於只求法治而不知任用賢人，申子蒙蔽於只知權勢的作用而不知才智的作用，惠子蒙蔽於只知名辯而不知實際，莊子蒙蔽於只知自然的作用而不知人的力量。所以，如果只從實用的角度來談道，那人們就全都去追求功利了；只從慾望的角度來談道，那人們就全都去滿足慾望了；只從法治的角度來談道，那人們就只知道法律條文了；只從權勢的角度來談道，那人們就只知道權勢的便利了；只從名辯的角度來談道，那人們就只會談些不切實際的理論了；只從自然的角度來談道，那人們就知道聽天由命了。

　　那些一知半解、認識片面的人，只看到道的一個方面而沒有能夠真正認識它，所以把這一個方面當作為完整的道而研究它，於是對內擾亂了自己學派的思想，對外就迷惑了別人，上被臣民所蒙蔽，下被君主所蒙蔽，這就是蒙蔽的禍害。

　　又如，現代的學科越來越割裂，特別是人文學科。經濟學成為現代社會的主流，無論做什麼都只考慮經濟效益，只要收益大於成本就去干。

　　那如何做到「虛壹而靜」？

　　荀子提出虛心、專心和靜心。心從來沒有不儲藏信息的時候，但卻有所謂虛；心從來沒有不彼此兼顧的時候，但卻有所謂專；心從來沒有不活動的時候，但卻有所謂靜。所謂虛，不讓已經儲藏在心中的見識去妨害將要接受的知識就叫作虛心。心生來就有智能，有了智能就能區別不同的事物；區別不同的事物，也就是同時瞭

解它們；同時瞭解它們，也就是彼此兼顧。但是有所謂專，不讓那一種事物來妨害對這一種事物的認識就叫作專心。人睡著了心就會做夢，懈怠的時候就會擅自馳騁想像，使用它的時候就會思考謀劃，所以心從來沒有不活動的時候。但是有所謂靜，不讓夢幻和繁雜的胡思亂想擾亂了智慧就叫作靜心。

荀子提出了非常棒的認識論，拿到現在也毫不遜色。

荀子認為只有孔子仁德明智而且認識上沒有片面性又不被蒙蔽，所以孔子多方學習，全面掌握了治亂之術，足以用來輔助古代聖王的政治原則。只有孔子掌握了周備全面的道，推崇並運用它，而不被成見舊習所蒙蔽。所以他的德行與周公相等同，名聲和三代開國之王相並列，這就是不被蒙蔽的好事。

荀子和康德的不同在於，康德批判哲學研究真（科學）、善（道德）、美（美學），而荀子更多關注人事社會的研究，並未把現代所講的科學技術放在首位。

荀子說：「有了智慧卻不是用來考慮聖王之道，就是畏怯；有了勇力卻不用來維護這聖王之道，就叫賊害；觀察問題仔細周詳卻不用來分析聖王之道，那就叫作篡逆；很有才能卻不用來學習研究並發揚光大聖王之道，那就叫作巧詐；能說會道口齒伶俐卻不用來宣傳這聖王之道，那就叫作費話。」

他把聖王的法度作為分辨是非、整治曲直的標準。認為那種不分辨是非、不整治曲直、不辨別治亂、不整治人類社會道德規範的學說，即使精通它，對人也沒有什麼裨益，即使不能掌握它，對人也沒有什麼損害。

那些鑽研奇談怪論，玩弄怪僻詞句的人，只能用來

互相擾亂罷了。他們強行鉗制別人且能說會道，厚著臉皮忍受著辱罵，不守正道且恣肆放蕩，胡亂詭辯且唯利是圖，不喜歡謙讓，不尊重禮節，而且喜歡互相排擠，這是混亂的社會中奸詐之人的學說。

分析言辭而自以為明察，空談名物而自以為善於辨別，君子鄙視這種人。見識廣而記憶力強，但不符合聖王的法度，君子鄙視這種人。

長期以來，儒家非常重視頌揚和學習聖賢，對邏輯、辯論、技術等反而不是很重視。儒家成為正統思想後，科學和技術沒有被提上重要的地位，因此科技從明朝開始就慢慢落後於西方。

聖人是誰

諸子都在講聖人說……，聖人怎麼樣……，是故聖人……。到處都提到聖人，究竟聖人是誰啊？

孔子、孟子所講的聖人，就是先王，先王一般指周文王、周武王、周公，寬泛一點也包括堯、舜、禹，後來儒家把孔子也稱為聖人。儒家提倡法先王，就是效法這些先王的治國方式。充分發揮人的「性善論」，人們通過內省就可以保持善性，克己復禮、推己及人。所以只要「道德教化」，只要遵從先王留下的禮制就可以成就一個完美的社會。

荀子從「性惡論」出發，認為必需要義利並重、王霸兼施、禮法兼尊才能化性起偽，改造人類先天的惡性，實現社會的美好。

而義利並重、王霸兼施、禮法兼尊是儒家崇拜的先王所沒有實現的，荀子期待後面的君王能夠實現，所以

荀子認為的聖人，是能夠重法隆禮的後王，故荀子主張法後王。

先王就是指文王、武王、周公，那麼荀子效法的後王是誰呢？

「後王」是荀子理想中的聖人，他能夠綜合義利、王霸、禮法來治理國家，他建議君王法效後王，就是希望君王能夠義利並重、王霸兼施、禮法兼尊。

荀子之前的儒家理想化的主張完全無法實現，荀子將儒學進一步發揚光大，把儒家的社會理想、仁禮精神注入了法家的活力，使儒學一遇到漢代的穩定之世，便迅速地走向了政治，走向了獨尊，成為兩千年封建統治的核心思想，並深深地植根到中華民族的人生觀與價值觀中。

一定程度上，荀子的法後王挽救了儒家。清初著名學者閻若璩說「嘗謂三代以下之天下，非孟子治之，乃荀卿治之」。

☯ 關於天命

命運實在是很神奇的東西。

古今中外都有命運的說法，命運究竟有還是沒有，一直在爭論。

如果按照康德的哲學，命運是經驗之外的東西，經驗之外就是人感覺不到的。命運和上帝、鬼神之類一樣，既不能證明命運的存在，也不能證明命運的不存在。

反觀中國歷史，維護既得利益的保守派往往會鼓吹天命觀，認為現在享有的就是上天安排的，乃是天意。

秦始皇一統天下後，對鄒衍陰陽學派的五德始終學說加以改造，用天命學說鞏固皇權為天和尊君思想，假借一種超社會與超自然的力量，使皇帝的權威更為神化，表明他自己是受命於天的「真命天子」，是「君權神授」，他所有的政治措施也都是出於天意的。

西漢董仲舒尤其主張君權神授的「天人感應」理論。他繼承和發展了先秦儒家的天命論，並吸取了陰陽五行學說，認為天是有意志的至高無上的神，是自然界和人類社會的創造者和最高主宰。自然界的變化和人類社會的興衰治亂，都是天的意志所決定的；並認為皇帝是天的兒子，所以叫作天子。皇帝受命於天，體現天的統治權力，君權神聖不可侵犯。後世的很多皇帝也喜歡把出生描述為天垂異象、君臨天下。

而期望打破既得利益的改革派往往喜歡講能動性，不相信命運。

早在西周初年「重民輕天」的思想已經產生。到春秋時代，這種思想進一步得到發展。季梁就說：「夫民，神之主也。」

《左傳・莊公三十二年》：「史嚚曰：『虢其亡乎！吾聞之：「國將興，聽於民；將亡，聽於神。」』」國家將要興起時，事事聽從人民的意願；國家將要滅亡時，事事聽從神的指使。聽從人意還是聽從神意，是國家興亡的標誌。

陳勝、吳廣起義，他們提出了：「壯士不死即已，死即舉大名耳，王侯將相寧有種乎？」

漢代王充說：「人不曉天所為，天安能知人所行。氣若雲烟，安能聽人辭？」王充還指出「符瑞說」所宣揚的「聖王之德，能致鳳凰麒麟，天下太平」的說法，

是非常荒謬的。他認為，「鳥獸之知，不與人通，何以能知國有道與無道」。揭露了神學家們所宣揚的帝王受命之符，不過是「儒家盛稱鳳凰之德，欲以表明王者之治」。

☯ 先秦儒學的評價

先秦哲學百花齊放，有好看的，有難看的；百家爭鳴，有好聽的，有難聽的。

好聽的未必好用，義正詞嚴的未必真實，一些學派喜歡講漂亮話，看起來很高大上，聽起來熱血沸騰，但都是毫無實踐價值與意義的假話、大話、空話。

難聽的也未必卑鄙，他說出了人真實的本性，讓人看清楚真切的現實。

無論如何，先秦哲學是自由的，理論是競爭的。

誰說的有道理就聽誰的，大家可以選擇信，也可以選擇不信。

秦以後的儒學，被統治者利用，成了維護統治的工具，讓人必須學習、必須相信，失去了學術的自由。

但是，當現代人剝離掉儒學封建時代的外衣，就會看到輝煌的中國哲學！

第八章

董仲舒經學：天人感應

董仲舒

什麼是經學

春秋戰國早期，孔子和他的弟子主要討論「禮」，如吉禮、凶禮、軍禮、賓禮、嘉禮的具體做法，並認為「仁」是「禮」的內核。

春秋戰國中期，孟子創立了「義」，深化了孔子的「仁」，提出「仁義之道」。

春秋戰國末期，荀子糅合了儒家與法家思想，把孔子的「禮」與法家的「法」融合，提出了「禮法之道」。

孔子、孟子、荀子……都尊守稱為「子」，所以先秦時期的儒家學說就叫作儒家子學。

春秋戰國時期，百家爭鳴，各個學派是平等、自由的競爭關係，都是用獨特的思想來闡述自己的觀點。

到了漢朝，漢武帝「罷黜百家，獨尊儒術」。這時候儒家不再像春秋時期一樣大開大合，不能再提出創新的哲學觀點。

漢代的儒生只能對孔子整理編撰的《詩經》《尚書》《禮記》《周易》《春秋》五經（《樂經》在秦失傳）進行整理、辨析和註解，失去了創造力、質疑力和活力。他們只能去背誦、記憶、相信、肯定和解讀，一定程度上把儒家變成了宗教——儒教。

經書就是宗教中的教義，是記錄思想、道德、行為等標準的書，漢朝把五經奉為經典，不容置疑，只能感悟與解讀，所以漢代這一時期的儒學就叫作經學，主要就是學習五經。

這樣說來，漢朝的儒家和先秦的儒家在名稱上一

致，但本質上差很多?

漢儒皓首窮經，都是名義上的儒家，大多數已經丟棄了先秦儒家的宗旨，只貪圖功名利祿。自漢武帝以後，政壇官位多是被這些平庸的儒生所占據。

☯ 大一統的需求

秦始皇統一六國後，就想方設法促使「天下無異意」，秦始皇焚燒詩書，「收去詩書百家之語以愚百姓，使天下無以古非今」；坑殺儒生，用強力讓這些讀書人閉嘴，但結果是招致了更大的不滿。

秦王朝焚毀了儒生們的書籍學業，與儒生積下了仇怨，迫使他們投奔各路起義來發泄滿腔的憤懣，秦帝國驟然土崩瓦解。

漢朝建立後，儒生們重新獲得研究經學的機會，一些會制定禮儀的儒生弟子們，被朝廷選拔為官員，於是人們又開始對儒學產生了興趣，趨之若鶩。

但是，當時天下戰亂尚未止息，劉邦忙於平定四海，還無暇顧及興辦儒學。孝惠帝、呂後當政時，公卿大臣都是武藝高強、戰功卓著的人。孝文帝喜歡法家的刑名學說，所以很少起用儒生為官。

孝景帝當政時根本不用儒生，而且竇太後又喜好道家思想，因此儒生也不受待見。

總的來說，漢初民生凋敝、百廢待興，經過常年戰爭已經像一條爛魚，再經不起折騰。於是漢初實行黃老之學（黃帝和老子的道家思想）——無為而治。漢朝經濟發展很快，出現了文景盛世。

漢景帝時期發生了七國之亂，地方諸侯與中央皇權

之間爆發衝突，極大地影響到了中央集權，統一的國家面臨著分裂的危險。如何鞏固集中統一的政權，防止分裂割據的局面出現，成為皇帝頭疼的問題。

漢武帝時，漢朝政治、經濟、軍事基礎已經十分強大，漢武帝嗜好專權，根本不喜歡主張清靜、無為、保守的道家學說，他想要找到一個更積極、更集權，使帝國更加鞏固的官方哲學。

有需求就有供給，董仲舒建構的新的宏大儒學體系閃亮登場了！

思想的大一統──獨尊儒術

漢武帝即位後，找來最有學問的董仲舒問了三個問題：鞏固統治的道理、治理國家的方法、天人感應的問題。就是所謂的「天人三策」。

董仲舒說：「春秋大一統者，天地之常經，古今之通誼。今師異道，人異論，百家殊方，指意不同，是以上亡以持一統，法制數變，下不知所守。臣愚以為，諸不在六藝之科，孔子之術者，皆絕其道，勿使並進。邪僻之說滅息，然後統紀可一而法度可明，民之所從矣。」

董仲舒從儒學經傳《公羊春秋》中找出大一統的理由，說明《春秋》所主張的大一統，是天地的常理，是適合古今任何時代的道理。

董仲舒還真敢說，張口就來：「『大一統』是宇宙間最一般的法則，任何王朝都要遵循。」

那如何做到大一統呢？

雖然漢初政治上統一了，但人心思變，還不穩固。漢初統治者在思想上奉行無為而治，對各種學術思想採

取寬容放任的政策，漢初的百家爭鳴使得社會上各種學術思潮極其活躍，魚龍混雜，泥沙俱下，有的思想甚至蠱惑人心。

統一思想就成了大一統的關鍵，用思想統一來鞏固政治統一，百姓就知道該遵循什麼、該做什麼，這樣才能長治久安。

統一到哪種思想呢？

董仲舒說要用孔子的儒學統一天下的思想。

漢武帝很高興，採納了董仲舒思想大一統的建議，施行了「罷黜百家，獨尊儒術」的政策，將儒學作為正統思想，將儒學樹立為思想界的權威。因此，漢代儒學就變成了官方的經學。

漢代在全國各地選拔學識淵博、精通《詩經》《尚書》《禮記》《周易》《春秋》的儒生，設立博士官銜，專門研究和教授五經，借助五經博士的官職來興盛儒學，使民間都崇尚教化，來開拓培養賢才的道路。董仲舒在漢景帝時就是擔任博士官職，講授《公羊春秋》。

國家從百姓中挑選十八歲以上儀表端正的人，補充為博士弟子。推薦喜好經學、尊敬長上、嚴守政教、友愛鄉鄰、出入言行皆不違背所學教誨的人，讓他們和博士弟子接受相同的教育，學滿一年後考試，能夠精通一種經書以上的人，補充為文學掌故的缺官；其中成績好、名次高的可以任用為郎中；若是特別優異出眾的，可直接將其姓名向上呈報。

漢代立五經博士，明經取士，形成學習經學的熱潮。董仲舒因把儒學確立為官方哲學有功，因此被視為「儒者宗」。

☯ 思想源泉：《易經》與《春秋》

董仲舒的理論有什麼根據呢？是怎麼推理出來的？

董仲舒提出的天人感應用《易經》的陰陽和五行推理出來，雖然感覺牽強附會，但似乎有一定道理。那天人感應到底存不存在、正不正確，誰又能知道呢。又怎麼驗證呢？

董仲舒用《易經》中的「天人之學」（天和人的關係）推導出天人感應，用《公羊春秋》的「微言大義」進行歸納驗證。

《春秋》到底是什麼啊？一會是《春秋》，一會又是《公羊春秋》，還有說《春秋公羊傳》《左氏春秋》《左傳》，是不是有些昏頭轉向！

《春秋》就是歷史書。先秦時代各國都會記錄歷史事件，到後來其他國家記載的歷史都遺失了，只有魯國的歷史記載流傳下來。《春秋》就專指魯國記載的歷史，它記載了從魯隱公元年（公元前722年）到魯哀公十四年（公元前481年）的歷史，是中國現存最早的編年體史書。

孔子對魯國《春秋》進行了整理和修訂，賦予「微言大義」，使其成為儒家的重要經典。

微言大義就是含蓄微妙的言語包含著精深切要的義理。

魯國《春秋》寫作極其簡練，事件記載非常簡略，但242年間諸侯攻伐、盟會、篡弒、祭祀、災異及禮俗等，都有記載。

因文字過於簡質，後人不易理解，所以有人專門寫

書來解釋《春秋》。

現在來看，有的解釋歷史喜歡用結合歷史史料與事實；有的人喜歡用民心向背來解釋民心大失，國家危亡；有的人喜歡從經濟角度解釋經濟發展滯緩，社會不滿；有的從自然災害角度解釋歷史變遷……

就是說，對於同樣一段歷史，可以從不同角度對其解釋。

人們對《春秋》的解釋和說明（稱為《傳》）也是不同的，左丘明《春秋左氏傳》、公羊高《春秋公羊傳》、谷梁喜《春秋谷梁傳》是解釋《春秋》的代表，合稱《春秋三傳》。

左丘明主要從歷史事實方面解釋《春秋》，說明《春秋》的書法、補充《春秋》的經文、訂正《春秋》的記事錯誤，形成了《春秋左氏傳》，簡稱《左傳》。

公羊高作《春秋公羊傳》，谷梁喜作《春秋谷梁傳》，兩者都旨在解說《春秋》的「微言大義」，偏重說理，略於記事，大多是分析什麼歷史告訴人們什麼道理，歷史和文學價值不高。

董仲舒精通《春秋公羊傳》，擔任過漢代春秋公羊學的博士。董仲舒認為「《春秋》正是非，故長於治人」。

董仲舒熟讀《春秋公羊傳》，他分析這些歷史時隱約感覺有種「天人感應」的關係在裡面，相當於現在歸納法，用很多歷史事實總結道理；董仲舒又用《易經》的陰陽五行規律推導出天人感應理論，這相當於現在的演繹法，然後再用《春秋公羊傳》裡面的歷史事實去驗證「天人感應」。董仲舒能在當時眾多的經師中勝出，還是有相當的說服力。

董仲舒實際上是把《易經》的陰陽五行學說和儒家學說融合起來，實現了「天人感應」的理論創新。

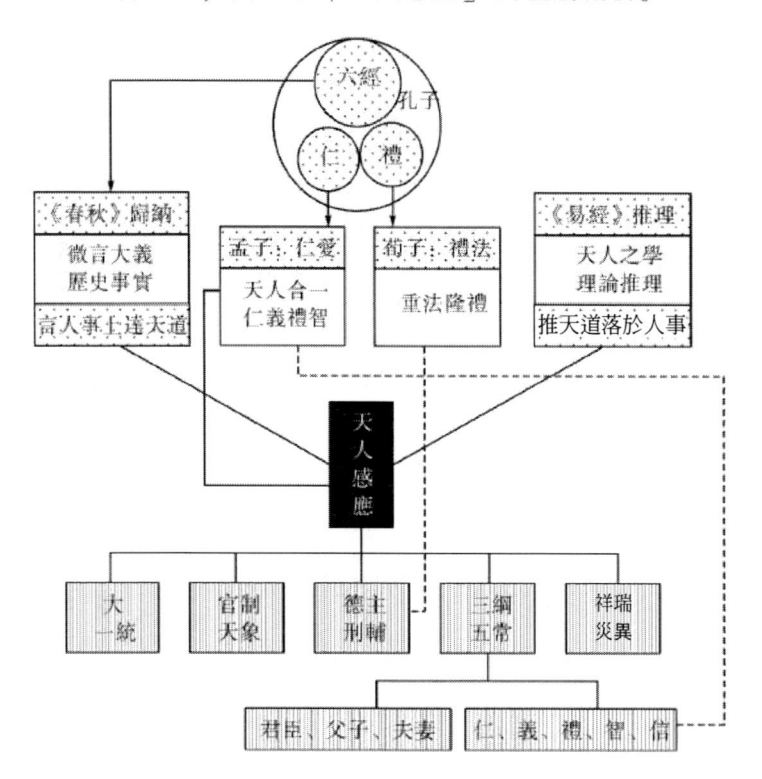

```
                        六經
                         孔子
                    仁        禮

《春秋》歸納      孟子：仁愛    荀子：禮法      《易經》推理
微言大義         天人合一      重法隆禮        天人之學
歷史事實         仁義禮智                      理論推理
言人事上達天道                                 推天道落於人事

                        天
                        人
                        感
                        應

    大      官制    德主    三綱    祥瑞
    一      天象    刑輔    五常    災異
    統

              君臣、父子、夫妻    仁、義、禮、智、信
```

☯ 天人感應

董仲舒的最大哲學創新就是「天人感應」。

孔子講「天命」，孟子講「天人合一」，荀子講「天人相分」。

董仲舒在孟子「天人合一」的基礎上，創新提出「天人感應」學說，就是說「天道」和「人道」，及「自然」和「人為」是合一的。

關於天道和人道是否合一，中西方哲學中也一直爭

論不休。

自然規律是否和人事社會規律一樣？

簡單來說，數、理、化等科學，在世界各國是相同的，宇宙有統一的規律。

那麼人事社會的管理是否全部也是相同的，世界各國有同樣適用的管理模式嗎？有同樣的道德倫理嗎？能否像數學、物理公式一樣計算和分析人類社會的行為？計算出一個具體的數值，像考試成績一樣，知道某個人的行為多少分，某個地區、國家的行為多少分，從而改進不斷提高分值。

西方經驗主義者休謨和自由主義者薩特甚至連自然規律都一併否定，更不用說人事社會的規律。他們看來自然都是偶然的、隨機的，根本沒有任何規律可言。

中國哲學很早就在爭論這個問題了，老子的道德經就是由上部道經（講自然規律）和下部德經（講人事社會）構成的。

那什麼是天人感應呢？

董仲舒糅合陰陽五行學說，認為宇宙由木、火、土、金、水五種屬性構成，這五種屬性相生相克：木生火，火生土，土生金，金生水，水生木；水克火，火克金，金克木，木克土，土克水。

宇宙依五行被合理地安排，日月星辰、春夏秋冬、山河大地、魚蟲鳥獸皆依五行之性合理地運行生成，故人世間與自然界不應有災異存在。如果人類不依五行之性合理地活動，五行相生相克的合理宇宙會因為五行失序處於一種不合理的荒謬狀態，這樣，日月星辰、春夏秋冬的運行就會失序，山河大地、魚蟲鳥獸的生成就會變態，即就會出現災異現象。

董仲舒在《春秋繁露·治亂五行》中專門論述了災異產生的原因是破壞了合理的五行關係：「火干木，蠻蟲早出，雷早行；土干木，胎夭卵殰，鳥蟲多傷；金干木，有兵；水干木，春下霜。土干火，則多雷；金干火，草木夷；水干火，夏雹；木干火，則地動。金干土，則傷五谷，有殃；水干土，夏寒雨霜；木干土，倮蟲不為；火干土，則大旱。水干金，則魚不為；木干金，則草木再生；火干金，則草木秋榮；土干金，五谷不成。木干水，冬蟄不藏；土干水，則蟲蟄冬出；火干水，則星墜；金干水，則冬大寒。」

董仲舒用五行說明了災異產生的原因貌似有理，但還不足以說明天人感應。人的行為為什麼會破壞五行（天）的秩序而導致災異？

董仲舒提出「氣」。天地宇宙唯氣化而成，人生活在天地之間陰陽之氣的包容中，就像魚生活在水的包涵中一樣，只是水有實物可見，而氣化之宇宙浩浩然難見而已。因此，天地之間，宇宙之中，充滿著氣，由氣化而成。

在由氣化成的宇宙中，人之氣與天地宇宙之氣相互流通，相互滲入，因而人之氣會影響到整個天地宇宙之氣。如果人之氣調和順適，與天地宇宙之氣相混合後，天地之化即美，祥瑞乃現；如果人之氣邪亂乖謬，與天地宇宙之氣相混合後，天地之序即亂，災異乃出。

天人感應，就是交感相應，天和人相受對方影響而發生相應的變化，自然現象可以顯示人世災祥。人是宇宙一部分，所以天和人相通，相互感應，天能幹預人事，人亦能感應上天。天子若違背了天意，不仁不義，天就會出現災異進行譴責和警告；如果政通人和，天就

會降下祥瑞以鼓勵。

元論

孔子心中的理想帝王就應握有一統天下的權威，所謂「禮樂徵伐自天子出」。

《公羊傳・隱公元年》正式提出「大一統」概念，「何言乎王正月，大一統也」。

董仲舒從《易傳・彖》中「大哉乾元，萬物資始，乃統天」，引出「元」的概念。

「臣謹案《春秋》謂一元之意，一者萬物之所從始也，元者辭之所謂大也。謂一為元者，視大始而欲正本也。《春秋》深探其本，而反自貴者始。故為人君者，正心以正朝廷，正朝廷以正百官，正百官以正萬民，正萬民以正四方。」（《天人三策・第一策》）

「是故《春秋》之道，以元之深正天之端，以天之端正王之政，以王之政正諸侯之即位，以諸侯之即位正竟內之治，五者俱正而化大行。」（《春秋繁露・二端》。）

「唯聖人能屬萬物於一而系之元也。終不及本所從來而承之，不能遂其功。是以《春秋》變一謂之元，元猶原也，其義以隨天地終始也。故人唯有終始也而生，不必應四時之變，故元者為萬物之本，而人之元在焉。安在乎？乃在乎天地之前。」（《重政》）

元是「純正」「初始」的意思，要「以元正天」，所有東西要歸一、歸元。反應到人事社會，所有權力和資源都要歸於皇帝，由帝王一人統治天下。

「道之大原出於天」，自然、人事同樣出於天，因此

反應天的政治秩序和政治思想都應該是統一的。

從此以後，大一統思想從此扎根於中國人心中。

☯ 官制象天

董仲舒嫻熟地運用天文學和陰陽五行學說，根據天道四時的運行規律，演繹出為政的慶賞刑罰；從天象星宿的數目，推演出三公九卿、二十七大夫、八十一元士的官階體制；通過天文中的青龍、白虎、朱雀、玄武四象，說明服制中劍、刀、韍、冠的位置的含義；經過對五行性質的類比，將官職與方位、職責等因素相互聯繫起來。

董仲舒通過大量的篇幅和嚴密的推理，制定了一套與天象相合的行政體制，內容極為寬泛，涉及官位、制服、職責、方位、官員數量，以及官員相互之間的倫理規範等相當豐富的內容，增強皇權專制合理性與神祕性。

☯ 三綱五常

董仲舒所提出的「三綱」就是「君為臣綱，父為子綱，夫為妻綱」，他將三綱提到了天道的高度：「王道之三綱，可求於天。」他認為君臣、父子、夫婦是與陰陽、四時相應的。「天為君而覆露之，地為臣而持載之，陽為夫而生之，陰為婦而助之，春為父而生之，夏為子而養之，秋為死而棺之，冬為痛而喪之。」

董仲舒說：「君臣、父子、夫婦之義，皆取諸陰陽之道。君為陽，臣為陰；父為陽，子為陰；夫為陽，妻

為陰。」根據陰陽學說，陽為主導，陰順於陽，可以推導出君對臣、父對子、夫對婦的領導關係。

董仲舒並將忠孝引入三綱，結合父子之間的生養關係，論證「孝」是天之經；根據天地之間雲雨產生的道理，指出「地不敢有其功名，必上之於天」「故下事上，如地事天也，可謂大忠矣」，論證「忠」是地之義。

董仲舒應用五行規律，把仁、義、禮、智、信與五行相比附，認為這些倫理是法於天地，恒常不變的，只要遵循五常之理，便可以合於天道，得到天的庇佑，鬼神的幫助。

「三綱」確立了人們相互之間的縱向關係，「五常」確立了人們相互之間的橫向關係。「三綱」「五常」縱橫交叉，共同構成社會秩序的倫理規範。

由此來說明，仁義制度之數，全部取於天道。

☯ 德主刑輔

《易經》中，陽代表生長、開放、剛健不息，陰具有抑制、收斂、含藏蓄勢的特徵。冬至達到最冷，是陰之極，陰極生陽，陽氣開始生出；到春季，陽氣才由地下發展到地上，萬物受到陽氣的滋養，龍蛇驚蟄，枯枝吐秀，陽氣主導，形成一片生機盎然的景象；夏至達到最熱，是陽之極，陽極生陰，動植物的陽氣已生發完全，動植物開始抑制生命活動，植物形成果實，陰氣生發；到秋季，陰氣已由地下上升到地表，植物枯萎，蟲豸伏藏，陰氣主導，一片收斂肅殺氣象；到冬季，陰氣又充斥天地間，蕭條死寂，生機全無。陽氣封藏，為最冷時，一陽初生蓄積能量，準備下一次輪迴。

董仲舒把《易經》用陰陽認知萬物的規律應用於人事社會：「天地之常，一陰一陽；陽者天之德也，陰者天之刑也。」他認為通過德治教化是陽，刑罰肅殺是陰，「孤陽不生，孤陰不長」，德治與法治無法分離的。

董仲舒把德比作春，把刑比作秋，「春秋屬陽，故行德政；秋冬屬陰，故行刑罰」。沒有春季，萬物無以生長，若無秋時，萬物會過度繁衍。正如陰陽不可或缺一樣，陽雖為歲初，但要陰來成歲，陽雖生之，但須陰成之；陽雖養之，但須陰來藏之。國家治理也是如此，德治與刑罰不可偏廢。

董仲舒將這一理論引申到司法實務當中：春天司法部門要疏通監獄，解除犯人的桎梏，停止獄訟和拷掠犯人；夏天為避免犯人發生疾病瘟疫，對輕罪的犯人要抓緊裁決和寬緩，對重犯人要放鬆管理，改善伙食，暫停審訊；秋冬之時，進行審訊和判決，凡斷決死刑，都要在孟春十月進行；在四季土月，司法官員對司法活動進行總結，以配合土的特性。自此，漢代立春至秋分停止決囚，並建立起春季行赦，秋冬行刑的制度，並被後世歷朝歷代沿用。

董仲舒由陰陽的主次關係，盛衰的顯隱妙用推及德刑，把德治放在顯要的位置，把刑罰置於輔助的地位，這樣才是與天道相合。

董仲舒強化了荀子重法隆禮的主張，從此以後，德主刑輔的思想被歷代沿襲了下來。

☯ 天垂象

《易·繫辭上》：「天垂象，見吉凶，聖人象之；河

出圖，洛出書，聖人則之。」

天垂象就是自然示人的徵象，是大自然在說話，它告訴人們一種徵象，讓人們見微知著。

董仲舒把《春秋》中所記載的自然現象，用來解釋社會政治衰敗的癥結。人君為政應「法天」行「德政」和「為政而宜於民」；否則，天就會降下種種「災異」以「譴告」人君。如果這時人君仍不知悔改，天就會使人君失去天下。

「天人感應」分析君王執政的上天垂象，主要有符應、祥瑞、災異。

「符應」指的是受天命為王而出現的特殊象徵。受命之符非人力所致，君權是天授、神受，說明皇權是天命的安排，體現君權的神聖性、支配性和合理性。

如王莽即位之前出現的「劉氏當滅、興我王天」「蒸蒸黃土、黃帝我祖、吊民伐罪、王莽即真」等說法。東漢黃巾起義時，北木河現石人「莫道石人一只眼，此物一出天下反！」

「祥瑞」與「災異」表現在天通過與君王的感應，以祥瑞或災異的形式體現天意對君主的賞善罰惡。董仲舒在《春秋繁露・王道》篇中提到，「王正，則元氣和順」「王不正則上變天，賊氣並見」。君王行為不軌，地震、山崩、洪水等自然災害將接連而至。

正因此，董仲舒在回答漢武帝的《天人三策》第一策開篇就說：「臣謹按《春秋》之中，視前世已行之事，以觀天人相與，甚可畏也。國家將有失道之敗，而天乃先出災害以譴告之，不知自省，又出怪異以警懼之，尚不知變，而傷敗乃至。以此見天心之仁愛人君而欲止其亂者。」

那有什麼補救的方法呢？

董仲舒說：「五行變至，當救之以德，施之天下，則咎除。」意思是施行德政就可以補救。如木有變，表現為「春凋秋榮」「繇役眾，賦斂重，百姓貧窮叛去，道多饑人」。應當以「省繇役，薄賦斂，出倉谷，振困窮」的方法救濟，其他五行出現的問題可依五行學說類推。

天災面前君王也束手無策，百姓起義更是危及君王性命。董仲舒企圖以「災異」「起義」來威嚇君王，制約王權的無限膨脹，讓君王實施德政。

但災異威嚇起到的作用有限。漢武帝建元六年，皇帝祭祖的地方發生了大火，董仲舒認為是上天垂象，他帶病堅持起草了一份奏章，用天人感應理論說明火災表示上天已經對漢武帝發怒。武帝看後大怒，差點將董仲舒斬首。此後，「仲舒遂不敢復言災異」。

經學的評價

董仲舒結合儒家的《春秋公羊傳》和《易經》的陰陽五行學說創新了儒學體系，對當時社會所提出的一系列哲學、政治、社會、歷史問題，給予了較為系統的回答，成為漢代的官方統治哲學。

看完董仲舒的哲學，感覺怎麼樣？

董仲舒的儒家思想不就是為了迎合和維護了漢武帝的集權統治嗎？

而且「罷黜百家，獨尊儒術」限制了其他學術的發展、固化和束縛了人們的思想；明經取士，讓大量青年才俊把精力投放在五經上，耗費年輕人的時光，抑制了

社會蓬勃發展的創造力。

還有，用陰陽代表君臣、父子、夫妻，五行代表仁、義、禮、智、信，實在有一些牽強附會。

君權神授、三綱五常某種程度上也算是封建統治的幫凶。

的確是這樣，董仲舒由於把陰陽五行引入儒學體系，後世學者對董仲舒天人感應思想充滿質疑，很多人簡單粗暴地將其斥之為神學迷信。

但是，任何一種思想都是不完美的，都有優點和不足。用封建和迷信全部否定董仲舒的哲學並不合適。

在民主的時代，董仲舒的哲學仍然有借鑑的意義。

從漢代開始，大一統的觀念根植於中國人心中，無論世事如何變遷，對於國家的統一是毫無疑義的事情。

董仲舒主張實施德治，認為要縮小貧富差別，協調各種社會矛盾，限制私人佔有土地的數額，限制豪強兼併土地，不允許官吏與百姓爭搶利益，降低賦稅，減少徭役，讓人民休養生息，減少民力消耗，這些思想到現在也不落後。

至於天譴災異，用現代的話來講就是人與自然的和諧相處。如果施政不當，人類的行為就會對自然造成影響，甚至招致天災人禍，這時就要反思人類行為和國家治理是否存在問題。

第九章

東漢緯學：以緯闡經

班固

緯學的形成

漢武帝時期儒學取得了獨尊地位，發展成為經學。

董仲舒把《易經》的陰陽五行引入儒學，提出「天人感應」的宇宙觀。他的「符瑞」「災異」等天垂象學說能對王權起到一定的威懾與限製作用。

自從漢武帝設立五經博士以來，儒家吃官祿供奉、開枝散葉，光是對一本經的闡釋就到百萬字，經師達數千人，機構臃腫。當時諸經分派分支太多，對經義的解釋也各有差異。

漢儒大多是年輕的讀書人，讓他們死記硬背五經實在是很難的事情，他們有蓬勃的創造力想要發揮。他們仰慕「儒者宗」董仲舒，也學著研究天人感應。

但是「天譴災異」這個東西說多了，就會引起皇帝反感。自然現象與災害那麼多，有時月食、有時日暈、有時地震、有時洪水、有時火災，儒生就站出來說這是皇帝無道、不按照天意行事……這些事情講得多了，皇帝就會產生厭惡的情緒。而那些散播天譴災異的儒生甚至會因此招來殺身之禍。

後來漢儒們學聰明了，既要自己的學說受到重視，又要保證自己的人身安全，就不再以個人名義闡釋符瑞和災異。

那以誰的名義創立學說呢？

當然是假托孔子的名義啦！五經是不能更改的，漢儒想要創立自己的學說，只能通過解釋經書的方式。於是他們把自己的觀點寫在解釋經書的緯書里。

緯書里本來是儒生自己的觀點，但往往他們會在前

面加上一個「子曰」，然後在後面寫自己的東西。

孔子很無辜：我從來沒有說過這種東西，是儒生借我的名義在寫自己的思想啦！

儒生們都學會了這一招，大家心照不宣，大量炮制緯書，把自己的思想寫進去，前面加上「子曰」，美其名曰解釋五經。當然其中也不乏一流的思想家與驚世的作品。

這個辦法其實很好。如果當權者採納了，大家都覺得他編寫的緯書解釋經書解釋得好，其思想便廣為流傳；如果當權者厭惡，也怪不了他，因為這不是他說的，這是孔子說的，要找麻煩就去找孔子的麻煩！而孔子的麻煩是找不得的！

為什麼？

孔子雖然是先秦時代一個在仕途上不得志的學者和私塾教師，但在漢代獨尊儒學後被奉為孔聖人。緯書裡面加入大量神話故事，讓孔子搖身一變升級成儒家的通天教主。儒生們不僅將孔子神話，連皇帝也一同神話了。

這些儒生真是太聰明了，把皇帝誇成神仙，難怪皇帝喜歡緯學。

他們把孔子也神話，誰還敢找儒生的麻煩？

隨著經師們之間的競爭越來越激烈，儒生們把易經、神話故事、預言、鬼神符讖等大量引進來解釋五經，今文經學就逐漸轉變為讖緯之學，在西漢末年開始流行。

今文經學五經？難道還有古文經學五經？

☯ 古文今文之爭

　　古文經是指秦始皇統一中國以前的儒家經書。

　　秦始皇焚書時，六經、《諸子》等古文經書都被焚毀。

　　漢初的儒家經書是由老儒回憶、背誦、口耳相傳的經文與解釋，由儒家弟子用漢朝當時的隸書（當時的文字今文）記錄下來。這些靠回憶、用漢朝當代隸書文字寫作的經書就叫作今文經——《詩經》《尚書》《禮記》《周易》《春秋》五經，而《樂經》老儒們實在回憶不起來了。

　　董仲舒講授的就是今文經，然後當時漢朝獨尊的、儒生們學習的都是這些今文經。

　　當時今文經本來用得好好的，可是古文經又回來了，怎麼辦？

　　原來，始皇焚書期間，民間儒生冒死將一些古文經書埋藏起來，至漢代前期，相繼被發現。

　　這種情況就像是一個女人的丈夫好多年沒出現，這個女人便找了另外一個男人且生兒育女，然而多年未見的丈夫卻突然又出現了，這是多麼尷尬的境地啊。

　　慢慢地，古文經與今文經的競爭就越來越激烈了。

　　今文儒家說：「我們是國家認定的官方哲學，是不可變更的！」

　　古文儒家說：「今文儒學純粹是現今儒生們臆造的，根本不符合儒家本意，古文經才是正宗的。」

　　今文儒家說：「孔子有帝王之德而未居帝王之位，是真正的王——『素王』，他沒有土地、沒有子民，但

只要人類歷史文化存在，他的王位的權勢就永遠存在。」

今文儒生把孔子誇的和釋迦牟尼一樣，釋迦牟尼被稱為「空王」，他不需要臣民，不需要權力，而他的聲望、權威永存。

古文儒家看來，孔子只不過是編撰整理過六經，並向弟子講授經文的老師而已，今文儒家把他吹捧成神仙，這也太誇張了吧。

今文儒家最看重孔子的《春秋》，推崇《春秋公羊傳》，注重闡發經文的「微言大義」，主張通經致用。

古文儒家說：「孔子的《春秋》不過是記錄歷史罷了，今文儒家把歷史書當思想品德和政治書來讀，這不是欺騙老人嗎？人家孔子『述而不作，信而好古』，根本就不提倡自創和更改經文，復古、按照原樣才是正確的。」

古文儒家說：「不要去胡亂闡發經文，那只是在假托孔子名義抒發今文儒生自己的觀點罷了。真正研究五經，就是把這些難懂的古人的話用現代話準確翻譯就好了。」古文儒家最看重周禮。

在教育學生時，今文經學按照由淺入深的順序講，將五經學習順序定為《詩經》《尚書》《禮記》《周易》《春秋》；古文經學按照經書出現的時間先後的順序講，將五經順序定為《周易》《尚書》《詩經》《禮記》《春秋》。

到東漢初年，今文經學與古文經學的門戶之見日益加深，兩派對儒家經典解說不一，大到觀點不同，小到章句歧異，產生了激烈的爭執。

當時，皇帝一定會支持今文經學發展來的讖緯之學，讖緯之學又是神話皇帝、又是挖掘出經書的大義來

經世濟民；而古文經學把五經當歷史、當考古來研究，實用性不強。

漢光武帝劉秀於中元元年（56年），宣布圖讖於天下，把讖緯之學正式確立為官方的統治思想。

為了鞏固儒家思想的統治地位，漢章帝建初四年（79年），召集各地著名儒生於洛陽白虎觀，章帝親自主持討論五經異同，這就是歷史上有名的白虎觀會議。

會後班固將討論結果編寫成一本會議記錄《白虎通德論》（又稱《白虎通義》），把今文經學與讖緯糅合一起，作為官方欽定的經典刊布於世。

這樣，西漢「經學」就讓位於東漢「緯學」，讖緯之學開始大紅大紫起來。

到底什麼是讖緯之學呢？

讖緯之學

讖就是預言。比如預言王朝要沒落、預言哪個人要當皇帝。人們往往很喜歡預言，因為可以提前獲取信息，從而趨利避害。預言哪裡要發生災禍，就可以提前逃離；預言哪裡房價要漲、哪只股票要漲，就可以提前買入。

無論是預言、算命，還是現代的經濟管理預測，想要預測準確都是十分困難的，但是人們還是對預言趨之若鶩。

讖語用來預測吉凶，通常會配一點圖，就像大家熟悉的《推背圖》一樣，說點神祕的讖語，但又不說破，說什麼天機不可洩露，因為說破了就會招來災禍和迫害，然後為了形象和吸引人，再加點圖。例如《推背

圖》第二象對大唐二十帝的預言：

讖曰：
累累碩果　莫明其數
一果一仁　即新即故

頌曰：
萬物土中生
二九先成實
一統定中原
陰盛陽先竭

這些東西因為不能說清楚或者不願意說清楚，往往帶有很大的神祕性，但越神祕，人們越想看，所以這些東西一直流傳下來。

儒生把讖引入儒學，極大增強了儒學的豐富性與吸引力。儒生們有東西可研究了，老百姓也讀得津津有味。

讖是預言，緯是相對於經而言的，如織布之豎線是經，橫線是緯，「七緯」就是「七經」之緯。

漢代只有《詩經》《尚書》《禮記》《周易》《春秋》五經，因為漢代崇尚「孝」，所以一併為《孝經》和《樂經》也製作了緯書，這樣即形成了「七緯」：

《詩緯》《書緯》《禮緯》《易緯》《春秋緯》《孝經緯》《樂緯》，也叫作《詩讖》《書讖》《禮讖》《易讖》《春秋讖》《孝經讖》《樂讖》。

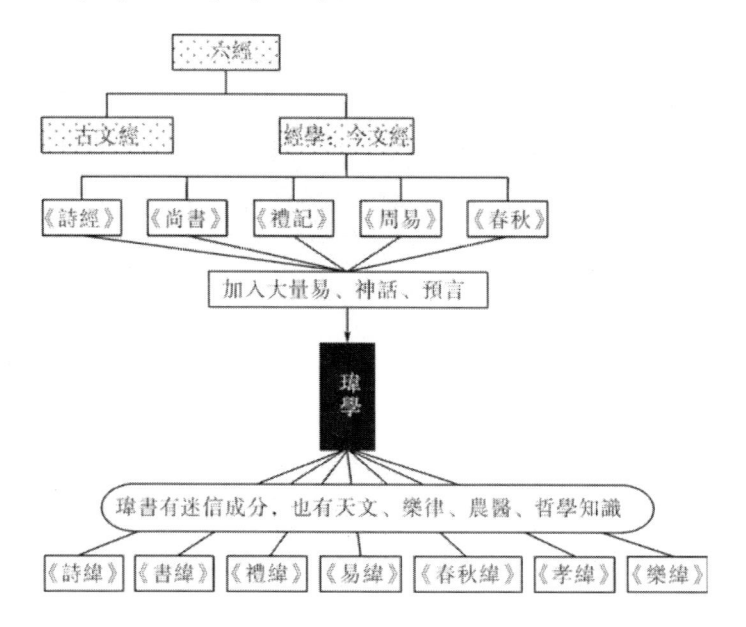

```
                    ┌─────┐
                    │ 六經 │
                    └──┬──┘
              ┌────────┴────────┐
         ┌────┴────┐       ┌────┴────┐
         │ 古文經  │ 經學  │ 今文經  │
         └─────────┘       └────┬────┘
              ┌──────┬──────┼──────┬──────┐
          《詩經》《尚書》《禮記》《周易》《春秋》
                         │
                   加入大量易、神話、預言
                         ↓
                    ┌─────┐
                    │ 緯學 │
                    └──┬──┘
              緯書有迷信成分，也有天文、樂律、農醫、哲學知識
      《詩緯》《書緯》《禮緯》《易緯》《春秋緯》《孝緯》《樂緯》
```

圖讖與儒家經典結合即形成緯書，讖與緯並沒有分別，所以經常並稱讖緯。

讖緯依附於儒家經典，借助宗教神權的力量來預示未來的吉凶禍福和指導現實。既以神權的力量增加了經學的權威性，又能同東漢的現實和政治結合，讖緯依附五經，更加增加讖緯之學的權威性。

東漢光武帝劉秀以符瑞圖讖起兵，利用讖緯之說登臺，即位後把讖緯之說合法化——宣布圖讖於天下。讖緯之學遂成為東漢統治思想的核心，用人施政、各種重大問題的決策，都要依讖緯來決定；對儒家經典的解釋，也要向讖緯看齊。東漢讖緯大流行，推動了讖緯與經學深度結合。

第九章　東漢緯學：以緯闡經

　　緯書林林總總實在太多，漢光武帝劉秀登基後公布的圖讖之書就有八十一篇，其中七緯有三十六篇。

　　在《春秋緯》的《演孔圖》中，記載孔子受命製作五經（特別是《春秋》）的神話。

　　為了表明孔子是天降聖人，《演孔圖》極力神話孔子：「孔子母徵在，遊大澤之陂，睡夢黑帝使請己，己往夢交，語：『汝乳必於空桑之中。』覺則若感，生丘於空桑之中。」

　　孔子被編造成是孔母徵在夢中與黑帝交而生，因此孔子被認為是黑帝的兒子，故稱玄聖。

　　孔子為什麼是黑帝之子呢？

　　儒生依據五行理論，夏朝屬金，白色；殷朝屬水，黑色；周朝屬木，青色；繼周朝而起的，應該是赤色的火。孔子雖有帝王的道德及才干，但沒有帝王的命運，他是殷人之後，所以是黑帝之子，是「水精」，無法繼承「木精」之周朝。

　　按照這些儒生的理論，孔子既然無法繼承周朝偉業，那上天讓孔子來做什麼？

　　做《演孔圖》的儒生說：「丘水精，治法為赤制功。」也就是說，孔子的歷史使命是為屬火的漢朝制法。

　　正因為如此，孔子的相貌與眾不同：孔子長十尺，大九圍，坐如蹲龍，立如牽牛，就之如昂，望之如鬥。孔子的奇異相貌是他具有天生聖德的標誌。

　　那孔子又是如何曉得上天命他為漢朝制法呢？

　　《演孔圖》說，上天通過種種方法啓發孔子，使他意識到這一點。當孔子將種種微言大義注入《春秋》中之後，向上天報告自己完成了歷史使命。

　　天吶，《演孔圖》絞盡腦汁地杜撰，也算是把孔子

通天教主的身分圓了下來。

緯書中很多故事十分荒誕，只能當神話故事書來看。

這種大講鬼神符讖，不就是為謀求權力者或已登上權力寶座的統治者大造輿論，收服具有傳統天命觀的民眾，證明其權力的合理性嗎？不就是搞一套具有宗教神學色彩的政治宣傳心理學，來迷惑和欺騙老百姓嗎？

《詩經》是詩歌、民謠，溫柔寬厚；《尚書》是上古帝王的文告和君臣談話內容，疏通知遠，廣博易良；《禮記》禮儀，恭儉莊敬；《周易》是哲學書，潔靜精微；《春秋》是歷史書，屬詞比事。五經是很有價值的。

那麼依附在五經之上的讖緯之學對於我們現代人來講是不是根本就是糟粕，完全沒有任何意義呢？

☯ 緯學的價值

在科技發達，文明程度更高的今天，我們應該以更開放和包容的心態看待古代哲學。

緯書並非出於某一作者，而是傾注了漢代儒家的智慧。

剝除迷信與欺騙的成分，會看到緯學也有很多閃光之處。

儒家讖緯神學產生在佛教還沒傳入前，有著純粹的華夏遠古神話與宗教色彩，體現了古人強大的創造力與想像力，當今的神話藝術也達不到那樣的高度。

緯書中除了神話傳說，還記載很多技術、天文、樂律、農學、醫藥以及原始社會狀況等資料。

特別值得一提的是，很多還包含著豐富的哲學思想與

恢宏的宇宙觀，那種貫穿古今的深邃宏大視野，是放在任何一個地方、任何一門學科和行業都很「高大上」的東西。

從《易緯》的《易緯乾鑿度》中截取一段：「昔者聖人因陰陽定消息立乾坤以統天地也，夫有形生於無形，乾坤安從生？故曰有太易，有太初，有太始，有太素也。太易者，未見氣也；太初者，氣之始也；太始者，形之始也；太素者，質之始也；氣形質具而未離，故曰渾淪。渾淪者，言萬物相混成，而未相離。視之不見，聽之不聞，循之不得，故曰易也，易無形畔，易變而為一，一變而為七，七變而為九；九者氣變之究也，乃復變而為一。一者形變之始，清輕者上為天，濁重者下為地。物有始、有壯、有究，故三畫而成乾。」

《易緯乾鑿度》題意是以乾為天，度者路也，意思是聖人鑿開通天之路，溝通自然與社會、人與神，將六十四卦組成一個系統，匯天、地、人於其中，建立起天人感應關係，以說明四時變化，預測人事的禍福吉凶。

讖緯之學對東漢政治、社會生活與思想學術產生了十分重大的影響，隨著東漢的衰弱而沒落。

為什麼會衰落？

漢朝王室衰落，先前制定的獨尊儒術、宣布圖讖於天下等儒家經緯學說就失去了權威性，書生們不需要在強權下依附著儒家經文來創新，言論的自由度更大了。

另外，由於讖緯本就是人為製作的，可以被一些人利用來散布改朝換代的政治預言，特別是在紛亂的東漢末年，統治者逐漸認識到其中的危險，屢加禁止。

魏晉以後，隨著玄學的興起，對儒家傳統經學有了全新的解釋，讖緯之書漸遭遺棄。到了隋煬帝，正式禁毀，讖緯之書大量散失。

第十章

魏晉玄學：儒道佛同臺競技

嵇康

☯ 玄學的興起

東漢末年，天下大亂，人們開始對儒家的經緯學說懷疑與不滿。

既然儒家這麼好，為什麼獨尊儒家的漢王朝還會衰落、人民還會飽受苦難？人們在反思，並逐步拋棄經緯儒學，因此，在思想界處於支配地位的儒學思想開始動搖。

在董仲舒三綱五常的教導下，漢朝士人和學子們以盡忠於皇帝、盡忠於朝廷為理想品格，為鞏固大一統的政權出謀劃策、辛勞、憂慮。

在社會危機尖銳，矛盾重重的亂世，今文經學和讖緯內容空虛荒誕，而古文經學只知道循規蹈矩把先秦思想翻譯成漢朝當時的語言，這些東西絲毫無助於社會政治問題的解決。

儒家治興亂衰，似乎是一個不變的規律。每逢盛世，皇帝會把儒家抬出來統一思想、維護君權、維護和平，而儒生借此獲取功名；每逢亂世，皇權不穩、社會動盪，人們會把這些空洞的說教拋到九霄雲外。

漢朝末年，社會腐敗、驕奢淫逸、欺世盜名、賄賂公行的現象比比皆是。

人們開始對儒家失望：儒家口口聲聲說著仁義禮智，卻幹著最齷齪的勾當，為了升官發財不擇手段，原來儒家是如此虛偽！

而儒生也開始對皇帝不滿起來。儒生一生不斷追求想要盡忠於皇帝，可皇帝就是不重用儒家，重用的不是宦官就是外戚。

儒生很受傷：為什麼那些宦官靠拍馬屁也能比我寒窗苦讀聖賢書混得好？為什麼那些皇帝的舅舅不姓劉也能獲得重用？我們苦苦忠君，皇帝卻根本不講君臣之義，真是氣死人了！

動亂的社會對儒學不再感冒，皇帝也不重用儒家，知識分子就開始拋棄儒學。讀書人開始重新思考宇宙、社會、人生，想要找到新的精神寄托。

隨著漢王朝的衰落，大一統分崩離析，統治思想界的經緯儒學失去了魅力。厭倦了思想壓制、儒家獨尊的文人開始尋找新的價值觀。

東漢末年到兩晉，是兩百多年的亂世。那時候，不僅是知識分子，包括整個社會都在尋找新的價值觀。

他們拋棄了繁瑣的經學、怪誕的緯學、陳詞濫調的三綱五常，聚在一起，談論玄道，醉心於深奧的哲學辯論。

董仲舒建立起的複雜的天人感應體系在兩漢時代逐步固化，經學體系束縛著讀書人的頭腦，壓抑著新思想的產生。魏晉的亂世反而衝破了這種固化思想，魏晉時期，玄學盛起、噴薄而出。

☯ 什麼是玄學

玄學是魏晉時期流行的，所以也叫魏晉玄學。

玄學就是魏晉名士搞的嗎？當時的「竹林七賢」，他們過著放浪形骸、醉生夢死的生活，有的甚至抬著棺材狂飲，一絲不掛在屋中行走，不洗衣服，虱子滿身，還經常煉丹服藥追求長生不老。這些文人在亂世為何不顧天下蒼生，只知道自己享受？

這個時代的知識分子一是不能施展才能，二是不敢施展才能。

為什麼？

漢武帝開始選拔官員的方式是察舉制，主要考察人才的品德和才能，也就是選拔德才兼備的人。可是到了漢朝末期，選拔官員開始變得腐敗，誰有德，誰有才，全憑選拔官吏的一張嘴。當時，拼爹成風，到處是關係戶當官，無權無勢的讀書人根本無法獲得上升的機會。

到了魏晉時期，選拔官員的制度就更糟糕了。曹氏家族為了拉攏世家大族的支持，直接把關係戶當官透明化，以前的察舉制還是遮遮掩掩，起碼名義上打著挑選德才兼備人才的旗號。曹操開始設立九品中正制，當官主要考察家世和才能，將人才分為九品，再後來九品中正制為豪門世家掌控，成為世家大族當官的專屬渠道，普通老百姓要當官想也別想。

文人即使當了官，也不能胡亂施展才能，對政治說三道四。魏晉時期戰亂連年不斷，政權更替頻繁，階級矛盾、民族矛盾、統治者內部矛盾錯綜複雜，今天還是李四當道，明天城頭就可能變換了大王旗；今天支持李四的人，明天就可能有殺身之禍。社會越是動亂，權力的鬥爭越是激烈，文人參與進去，越有可能成為權力鬥爭的犧牲品。

在政權穩定、經濟繁榮的時代，士子文人就有極大的進取心去升官發財或建功立業。然而在殘酷而黑暗的時代環境中，士子文人只能選擇逃避。

這些知識分子約上一些親朋好友，隱居山林，不問政事，談談玄理，吹吹牛，飲飲酒，吃點丹藥，不談實務而縱情聲色。

第十章　魏晉玄學：儒道佛同臺競技

玄學到底是什麼？

老子最早在《道德經》裡說：「玄之又玄，眾妙之門。」揚雄在《太玄・玄摛》說：「玄者，幽摛萬類，不見形者也。」王弼在《老子指略》中說：「玄，謂之深者也。」玄學就是玄遠之學，也就是研究事物的一般規律——道，具體領域大多是一些與現實政治不大相關的幽深玄遠的問題，比如辯論聖人到底有沒有感情？有沒有本末？還有研究公私、才性、一多、時變、動靜等問題，和西方所講的哲學問題尤其相似。

魏晉時期人們不研究漢代儒家的五經，主要研究《老子》《莊子》和《周易》，稱之為「三玄」，而《老子》《莊子》則被視為「玄宗」。

那玄學也屬於道家的一派吧？

玄學看起來是繼承和發展老莊思想，貌似是道家的新發展，因此很多人把玄學歸為道家，認為玄學是道家的分支或者新道家。事實上玄學在試圖融合道家和儒家。

文人開始貴生、避世，崇尚「自然」「清靜」「無為」，表面上看似隨性與不羈，實際上很憤懣、很憂慮。這些讀書人的內心世界十分糾結，充滿了對個性自由與社會秩序的雙重需求，充滿了對除卻功名羈絆無拘無束與一身本領無處施展迫切想要建功立業的突出矛盾。

這些文人與老子、莊子真正的超凡脫俗、浪漫灑脫是不同的，雖然他們也想像傳統儒家一樣大展宏圖、報效國家，但是沒有辦法。當時的社會非儒即道，他們被逼到了道家，雖然談道，但分析的很多都是儒家的觀點。

所以魏晉的玄學是用道家的眼光來看待儒家，用道

家的理論觀來分析儒家的觀點。準確地說，玄學不是新道家，而是儒和道的結合。

老子的《道德經》是《易經》很好的註解與解讀，周公解釋的易經《周易》是儒家的五經之首，後來董仲舒把《周易》的陰陽和五行引入，用於解釋天人感應，《周易》就成為道家和儒家共同研究的經典，這樣為道家和儒家的融合奠定了基礎。

文人用道家理論對《易經》和儒家學說重新探討，就出現了魏晉的玄學思潮。

那說說玄學究竟是些什麼內容？

儒道融合

儒家講「禮法」「名教」（也稱為禮教、儒教，主要是三綱五常）「德治」「聖人」等思想。

隨著漢代儒學的衰落，文人從繁瑣的經學中解放出來，試圖用道家的「自然」與儒家的「名教」相結合。魏晉玄學是中國哲學史上第一次企圖用老莊思想融合儒家思想。

玄學一改漢代「儒道互黜（抵觸）」的思想格局，主張「祖述老莊」，以道家為主調和儒家達到「儒道兼綜」。

玄學提出的有無、本末、體用、言意、一多、動靜、夢覺、本跡、自然與名教等一系列極具思辨性質的概念範疇都是先秦儒學和兩漢經學所不具備或不重視的，玄學豐富和發展了中國哲學。

玄學爭論的問題，其實就是對儒學名教的反思與質疑。

儒學名教是什麼？

「名」即名分，「教」即教化，名教就是通過上定名分來教化天下，以維護社會的倫理綱常、等級制度，做到「君君、臣臣、父父、子子」。董仲舒據此倡導審查名號，教化萬民。「以名為教」，內容就是三綱五常。在魏晉時期，就把漢儒的這一套叫作名教，宋元明清理學把名教稱為天理，現代人批判三綱五常，把名教稱為封建禮教、儒教。

本末有無

玄學的這個辯題就是辯論有沒有本末？有和無，誰是本？誰是末？無生有還是有生無？無能不能自生？有能不能自生？還是有無相生？

本末有無是哲學中最基本的觀念，玄學家必須要辯論的。本末有無經過多年的辯論，最後形成三種觀點。

貴無論——「以無為本」。王弼認為「無」是宇宙萬事萬物存在的根源和本體，類似於「道」「太極」「規律」之類的東西，無形無象。「有」是宇宙天地萬物的具體存在，包括一切人類社會的典章制度。「無」是「體」，「有」是「用」；「無」是「本」，「有」是「末」，本末並存，體用不離。道這個「無」生萬物這個「有」，「無」主宰「有」，萬物的繁衍生息都是由「無」這個規律主宰著。

崇有論——「以有為本」。崇有論說，無就是無，就是什麼也沒有，怎麼能生出有？裴頠認為「無」不能生「有」，「有自生」，而非「生於無」。萬物開始產生時，都是自己生出來的，有自生有。

獨化玄冥——「獨化相因說」。郭象似乎是個和稀泥的，他贊成崇有論，認為「有」是獨自存在的，不需要「無」作為自己的本體，萬物是各依其性以發展變化，而非取決於其自身之外的任何「無」的因素，這就是「獨化」。但每一物都需要「它物」，小麥生長需要陽光和水分，萬物是關聯的，這就是相因。猶如唇齒一樣，唇並不是齒生出來的，齒亦是不是唇生出來的，各自都是獨化的，然而唇亡則齒寒，它們是相因的。郭象也認為萬物有一種規律在支配——萬物「獨化於玄冥」，即指獨化於深遠暗合之中，而這種深遠暗合是必然的，世界的一切，都受這種必然性所支配的。因此「有」就是「本」，「有」就是「末」，「本」即是「末」，「末」即是「本」。

乍一看，玄學討論的問題果然不著邊際，和西方哲學家書呆子一樣討論這種空洞無用的問題，真是這樣的嗎？

魏晉的文人就算是中國歷史上最灑脫的文人，也絕對不會爭論這麼空洞的問題，他們的目的還是為了反思、質疑和融合儒家。

儒家提出了仁、義、禮、三綱五常，這些都不是宇宙誕生就有的，而是後來儒家學者創建出來的，這些社會制度屬於「有」。道家講自然，這種宇宙的本原、自然規律——「道」屬於「無」。

道家自然是本，儒家名教是末。

那辯論有無，就是要剖析儒家名教的合理性嗎？

我們可以這樣理解：談論有、無就是要談論儒家名教與道家哲學的關係，就是要談論玄學家們對政治倫理的理解。

	本末有無	自然與名教	言意之辨	聖人 有情無情	才與性	聲無哀樂
	本	自然	意	無情	性	聲
	末	名教	言	有情	才	哀樂
貴無	無為本	名教出於 自然	言可盡意	有情	才性同	聲有哀樂
崇有	有為本	越名教 任自然	言不盡意	無情	才性異 才性離	聲無哀樂
獨化	獨化相應	名教即 自然	意不盡 而盡		才性合	

☯ 自然與名教

那自然與名教是什麼關係呢？按照有無本末，形成三種觀點。

名教出於自然。自然是名教之本，名教是自然的必然表現，兩者是統一的，並不矛盾。王弼認為名教出於自然，是自然的體現，而自然便是「無」。因此，人類社會也要按照這種自然的法則運作，實現無為而治。統治者要清靜無為，「以無為為君，以不言為教」，長短、尊卑自然「各有定分」，最高統治者只要做到設官分職、定好名分，就可長久地坐享其成了。在這裡提倡名教的儒家與崇尚無為而治的道家就很好地融合了。

越名教而任自然。魏晉之際，司馬氏篡奪了曹魏政權，名義上宣揚以孝治天下，卻打著名教的幌子羅織罪名，排斥異己，殺害大批名士。嵇康發現，名教根本就不是自然，名教與自然是有本質的衝突，兩者不可能互相協調。嵇康認為名教束縛人性，與人的本性相對立，他公開否認「六經為太陽，不學為長夜」，堅決反對「立六經以為準」，崇尚「越名教而任自然，非湯武而薄

周孔」，認為只有越名教除禮法，才能恢復人的自然情性。

名教即自然。按照獨化相因學說，「本」就是「末」，「末」就是「本」，那麼名教就是自然。萬事萬物各自變化、發展都屬於屬自然，而名教的存在，當然也是自然。類似西方哲學家黑格爾所說的存在就是合理的。名教是自然的一部分，因而郭象認為尊卑上下、大小等級既然是存在的，就是自然的，人人要安於自己的本分、地位和命運，不可逾越、不可錯亂。賢人和君子居於統治地位，享受爵祿，也是合乎「天性」的。

言意之辨

《易經‧系辭》曰：「書不盡言，言不盡意。」

「言」與「象」都屬與現象，是「末」，是人類特有的語言、文字和身體器官感覺；「意」就是宇宙的規律和世界的本原，是「本」。

「言意之辨」就是說人類說的話、寫的字、看到的圖像、聽到的聲音、聞到氣味、感覺的觸覺等，能不能反應真實的世界和宇宙的規律呢？

玄學的言意之辨按照有無本末也有三種觀點。

言不盡意。傳統上道家認為「言」與「象」都屬於語言層面的東西，都會受語言規則的限制和人類自身感覺器官的結構，對於複雜的現實世界是不能完全表達的。「象外之意，系表之言，固蘊而不出矣」「非物之象所舉也」「道可道、非常道」，自然規律和聖人之意，是象外之意，是不能通過通俗的語言和物象表達出來的。

言可盡意。歐陽建認為「言」既能窮盡現象界之全

體，則「言」就能展示「意」。「名逐物而遷，言因理而變。此猶聲發回應，形存影附，不得相與為二。苟其不二，則無不盡。」

言不盡意還能理解，但言可盡意感覺不太好理解。

言不盡意和西方哲學家康德的觀念相似。康德認為人們看到的東西不過是人們的感覺，至於那個東西真實的實體到底是什麼，我們永遠無法全面瞭解。比如我們看到蘋果是紅的，吃到是甜的，摸到是光滑的，這只是限制在人類自身的感覺器官來認知到部分蘋果的信息，至於真實的蘋果是什麼樣人類永遠無法瞭解。那麼借人類之口說出來、借人類之手寫出的蘋果，也不是客觀世界真正蘋果的樣子，所以說言不盡意。

言可盡意與西方哲學家黑格爾的觀點有點類似。當時人們陷於康德的觀念，認為人類永遠無法全面瞭解真實世界，只能掌握拘泥於人類感官所獲取的有限信息。在科學界一片茫然的時候，黑格爾站出來說：「既然那個真實的客觀世界我們永遠也無法認知，永遠也無法全面知曉，那我們還提它幹什麼？口口聲聲說的客觀世界原來永遠也無法弄明白，那還不如把人類所感覺的世界就認為是真實的世界，這樣子的話人類的言就能盡人類的意。」歐陽建想表達的也是這個意思，在他看來「本」就是「末」，「末」就是「本」，「言」就是「意」，「意」就是「言」。

意不盡而盡。這句話的意思是意是不盡而盡的，意是通過不盡而達到盡的，是不是有很強的哲學思辨？王弼認為有形的現象世界就是「共相的言象意」，是可以用「言」和「象」來盡「意」的；而無形的本體是「殊相的言象意」，是不可用「言」和「象」盡意，只

能用「微言」來啓發，用意會進行內心體驗。比如，當我們說「他像某個明星」的時候，我們是將他跟那個明星的圖像作比較，在身材、面向、表情、動作、性格等方面對比，通過「象」作為仲介物，「言」與「意」完全能夠結合起來。但是在描述無形的概念、道或者規律時，借助具體事物或是形象語言的描述，或借助某些有確定含義的概念是無法把握世界的本質，就必須用超理智的直覺，即超出概念和邏輯的分析來把握，要「得意」就必須「忘象忘言」，要得到規律的「無」，就必須不停留在「有」這些現象上，而必須超越於「有」之外，不能停留在言語表達上，要超越於「言」之外。

意不盡而盡恰恰是西方哲學一直以來所欠缺的。西方科學家不斷做實驗發現科學規律，如果有重大的科學發現就成為哲學家，總結出新的方法論，然後再推廣開來。所以西方的哲學是跟在科學研究的屁股後面，總結性較強但指導性較弱。而中國哲學尤其是《易經》，用超越人類理智的直覺去把握無限的規律。伏羲一畫開天，其八卦有很強的前瞻性和指導性。

用現代的話說，言意之辨就是在說人類的主觀意識能不能反應出客觀事物的規律。

聖人有情無情

儒家仰慕堯、舜、周公、孔子，認為他們是儒家的聖人，是學習的人格典範。

而玄學家倒要問問：聖人到底和普通人有什麼區別？聖人有七情六欲嗎？聖人有普通人的感情嗎？

聖人無情。「凡人欲喜則喜，欲怒則怒，或應喜反

怒，應怒反喜，喜怒不得其『理』（道）」。何晏認為聖人是不會被萬事萬物所左右和影響的，所以生來無情，不像普通人「以物喜，以己悲」，即因外物的好壞和自己的得失而或喜或悲。《老子》曰，「天道無情」，何晏認為聖人應當是效法並且是合於天道的，是「無喜怒哀樂之情」的。

聖人有情。王弼認為聖人是有情的，他認為聖人和凡人的區別並不在於是否有情，而是「聖人茂於人者神明也」，也就是說他認為聖人和凡人的區別應當是神明的區別，而聖人的神明是「智慧自備」並且「自然已足」的，只有這樣，聖人才能夠「應物而無累於物」，才能夠「體衝和（深刻的體驗）以通無（和道同體）」。凡人的情感容易受外物所累、所牽制，失其自主性，不能入乎其內，出乎其外。而聖人能「物物而不物於物」，聖人不為物累，能出入無間，常保其自主性，使感情自然流動而不過分，所謂「從心所欲不逾矩」。

明朝的王陽明是比魏晉玄學家更厲害的人，他提出了「人皆可以為堯舜」，只要致良知，人人都是聖人。

才性之辨

才性之辨之所以成為重要的哲學命題，是因為在當時具有重要的政治意義。

簡單來說，「才」就是才能；「性」就是道德和品格。

才性之辨討論的就是用人要德重於才、還是才重於德？

三國鼎立之初，由於人物品評和人才選拔的需要，

才性問題成為人們關注的重點。

曹操唯才是舉，他認為才能與道德品行是兩回事。他的椽屬荀彧、郭嘉、徐幹等人也主張才性要分開。

而與曹操抗衡的袁紹則崇尚道德品行、重名輕實，結果他手下的才能之士都投奔曹操而去。

從曹操來看，招聘人才的時候才比德重要才能成功啊！

有趣的是，雖然曹操招攬的人都很有才，德卻差了一點，曹操一死，司馬家族就想篡位；而劉備招收部下很重德，劉備的阿鬥無論多麼無能，諸葛亮還是鞠躬盡瘁地輔佐。

掌握實權的司馬氏很注重總結曹操的用人教訓，為了防止有才能的人篡奪自己的權位，開始注重德才兼備或更注重德。

與司馬氏關係密切的傅嘏與鍾會主張才性同和才性合；在政治上不依附司馬氏的李豐與王廣，則主張才性異和才性離。

鍾會曾著《四本論》，裡面記載了才性之辨。「四本者，言才性同，才性異，才性合，才性離也。」

才性同。傅嘏認為才與性是一回事，「昔先王之擇才，必本行於州閭，講道於庠序，行具而謂之賢，道修則謂之能」。意思是以前的統治者選拔人才，必先瞭解州閭鄉間人士對他道德品質的評價，還要看他在學校裡的表現和成績。他的行為表現好，就叫賢；他的道德修養好，就叫能。「才之美惡為性之美惡的外見，性善則行清，也必然才美；性惡則行濁，也必然才劣。」所以才能和道德是分不開的，實際上是一回事。

才性異。李豐認為才與性是兩回事，《三國志》記

載：毓於人及選舉，先舉性行而後言才。黃門李豐嘗以問毓。毓曰：「才所以為善也，故大才成大善，小才成小善。今稱之有才而不能為善，是才不中器也。」豐等服其言。就是說李豐問毓為什麼選拔人才注重道德，盧毓說：「才是用以行善的，大才能為大善，小才能為小善。如果說某人有才，但他不能行善，只是說他的才不中用，也就是無才。這樣看來，才和性是兩回事，有才不一定有德，有德未必有才。」

才性合。鐘會認為才與性雖然是兩回事，但二者有密切的關係。人有才能但品德未必高尚，人的品德高尚但才能未必出眾，才（天賦）雖是先天而來，然德行卻可後天修為而得，故才性可合一。

才性離。王廣認為才與性是兩回事，而且二者之間也沒有什麼關係。人有才能其品德未必高尚，人的德行高尚其才能未必優勝，才能是要經過後天修煉而得，道德品行也要通過修為而得，但兩者截然不同，故才性離。

☯ 聲無哀樂

聲音和人的感情是不同的兩種事物，音樂所發出的只是客觀的音調，它不含有悲傷或者快樂的感情；哀傷或者快樂是出於人的內心，完全是主觀的。

聲無哀樂表面上看是在討論音樂與心的關係，實際上是在辯論儒家的禮樂、儒家的綱常理論到底有沒有用，能不能影響人心，能不能移風易俗。

儒家音樂理論多為儒家禮教思想，其代表《禮記·樂記》主張聲有哀樂，其《樂紀篇》講聖人「致樂以

治心」，音樂之或哀或樂「足以感動人之善心而已矣」，聽音樂的人只需被動地接受「拯治」便足矣，無需發揮什麼能動性，更不需要什麼主體意識。

儒家誇大音樂教化作用，提出「治世之音安以樂，亡國之音哀以思」；貶低音樂鑒賞者的能動作用，謂「聲使我哀，音使我樂」。人的情感靠音聲激發，受制於音聲，這樣一來，音樂的效應就只剩下「治心」。

嵇康主張聲無哀樂，就是說音樂本身與人的喜、怒、哀、樂並無一一對應的必然關係。

音樂是客觀存在的聲音，哀樂是人們的精神被觸動後產生的感情，兩者並無因果關係，就是「心之與聲，明為二物」。

音樂本身的變化和美與不美，與人在情感上的哀樂是毫無關係的。嵇康認為人情感上的哀樂是因為人心中先有哀樂，音樂起著誘導和媒介的作用，使它表現出來的。

嵇康大膽批判了兩漢以來完全無視音樂的藝術性，把音樂簡單等同於政治。他主張音樂脫離封建政治功利的音樂思想，反對「禮樂刑政」並舉的官方做法。

嵇康大膽肯定人在音樂鑒賞中的主體地位，將「心」從「聲」的制約中解放出來。他認為聽音樂的人心中原本就懷有或哀或樂的情感，在欣賞音樂的過程中才會引致哀或樂。音聲本身並無情感，它只起誘導和媒介的作用，使人心中的哀樂表現出來。

對於作曲者來講，是心中先有了哀樂，然後將自己的這種情感融入創作當中，通過音樂的創作手法，向人們傳遞著其對自然界、對內心情感以及對外部世界等的感受。

嵇康強調了音樂鑒賞主體的主導作用，一改儒家樂論之弊，從而體現魏晉「人的覺醒」的時代精神，也開創了中國音樂美學思想的潮流。

推而廣之，儒家名教那套三綱五常也像音樂一樣，不能強加給人們，人們才是「主」，人們有權利決定聽或者不聽，人們有權利決定自己的悲傷和喜悅，而不是外部強加的教化。

☯ 佛教的中國化

隨著儒學的衰落，文人試圖用道家去融合儒家，但不巧的是，還沒融合完成，半路殺出個程咬金，更強大的競爭者佛學傳入了中國，開始了儒、道、佛之間的競爭。

大家都知道佛學的創立者是釋迦牟尼。

那麼佛究竟是什麼？

佛的原意是「大覺大悟者」。

釋迦牟尼原本是尼泊爾叢林迦毗羅衛國的王子，當時釋迦族不斷受到強鄰的侵略威脅，地位十分脆弱，作為沒落部族的王子，面對國族暗淡前景，很是憂慮。

釋迦牟尼在農田看到蟲子被農夫掘起，又被飛鳥啄食，痛感眾生相殘。

釋迦牟尼駕車出遊，在東南西三門的路上先後遇著老人、病人和死屍，親眼看到了衰老、痛苦和淒慘的景象，非常感傷和苦惱。

他便對世間諸苦進行了深沉思考，思慮很久還是沒有弄明白，於是棄絕紅塵、出家修行，過起了與世隔絕的隱居生活。他穿樹皮、睡牛糞、七天吃一頓。

經過六年多的禁欲苦修之後，身體消瘦得像枯木一樣，還是沒有找到解脫之道。

於是便放棄苦行，來到伽耶城外的菩提樹下，沉思默想七天七夜，終於大徹大悟。

他終於找到眾生皆苦的原因——靈魂的輪迴轉世。

西方宗教是樂觀主義，認為有來世是對人的獎勵。

而印度教的悲觀色彩卻認輪迴是噩夢，正是因為有輪迴轉世，才使生、老、病、苦、死有機會永恆地輪迴出現，給人們帶來了無盡的苦役。

為此，佛提出瞭解決這個噩夢般輪迴的方法——涅槃。

涅槃就是寂滅，寂滅就是沒有了，沒有了也就逃出輪迴了。

那意思是讓人消滅自己或者自殺嗎？

佛認為自殺和寂滅根本不一樣，自殺後還是會投入輪迴，而且自殺的人會投入最可怕的轉世中。而寂滅就是要倡導人們行善、為一切生命而犧牲個體，把普通的行善推廣到了眾生（包括人和動物），為了眾生而犧牲自我，這樣才能達到真正的寂滅，徹底的沒有。靈魂徹底從這個世界滅失，再也不用投入到輪迴中，從而解脫了輪迴之苦。

所以說，佛是悲觀、消極的，而為了達到寂滅的行善又導致了人們克己、節欲、慈悲、溫順、貞潔的處事準則，這一定程度上與儒家的教條有相似之處。

可是佛寂滅了就永恆地沒有了，人們還怎麼去信仰、怎麼去供奉佛呢？對於祈禱者來說佛變得神聖而無法接近了。已經成佛的都寂滅了，只剩下一些冰冷的佛教信條，就無法吸引更多的信奉者。

所以佛教為了滿足人們對神靈信仰的精神需求，創造出許多未來佛（菩薩）來解決這些問題。

過去的佛已經寂滅了，看不到也摸不著，永遠沒有了。但還有未來佛，這些佛正等待著在極樂世界道成肉身來拯救大家呢！

佛教創造出來的這些未來佛——菩薩，贏得了人們的喜愛。比如彌勒佛，號稱「佛教的彌賽亞」，他道成肉身的時刻即將來臨；觀音菩薩相當於「佛教的瑪麗亞」；還有阿彌陀佛（無量佛）等都獲得了人們虔誠的信仰和深深的喜愛。

這些新創造出來的未來佛，正準備承擔起向中國傳播佛學的任務。

伴隨著未來佛的出現，佛教藝術開始蓬勃發展。

最初的佛已經寂滅了、已經沒有了、已經去人格化了，不會再輪迴了。如果人們再去描畫他的畫像，塑造他的雕塑，希望通過肖像使他復活，這顯然和追求寂滅的教義是矛盾的。

最初的印度藝術家不敢繪製佛的肖像，佛的肖像就用符號「卐」代替。

隨著希臘的思想傳入印度北部後，佛教徒認為寫實地去表現佛陀是很有必要的，他們從希臘阿波羅神像那裡獲得靈感，最初塑造出的佛像，樣貌像極了阿波羅雕像。不同的是：為佛陀添加了雙目之間的智慧標誌；釋迦牟尼在當王子的時候因為佩戴著沉重的耳環，耳垂被扯得特別長，因此佛教徒為佛陀增加了長長的耳垂；還增加了用來承載花飾頭巾的假髻。

最初的樣式後來被人們誤解為，耳垂大就是有福氣的象徵，佛陀的假髻是佛陀頭上一堆堆隆起的卷髮。

這種有形的形象特別有助於佛教的傳播，佛教從印度經過中亞，傳入中國和日本，佛的樣貌已經從最初的希臘風格發生了天翻地覆的變化，產生出不計其數的遠東佛陀。

隨著漢朝對西域的徵服，使得印度佛教能夠沿著商業貿易的絲綢之路傳入中國。

佛教進入中國並與中國文化相融合是一件了不起的大事，可以與近代中西方文化的融合相媲美。

佛教在漢朝剛傳入中國的時候，大家誤以為是道家的一個派別，佛教也正好借用道教的外衣進入中國。

佛教徒要把印度人的觀念帶給中國人，首先需要把佛教教義翻譯成符合中原思想的語言，於是他們借用了大量的道家詞彙和術語，按照道家的樣式來表達佛教的內容。

入鄉隨俗的佛教獲得越來越多人的信任。

儒道佛同臺

很快道教徒和儒家醒悟過來了，原來佛教是要爭奪我們的信徒和觀眾的，外來和尚是來搶飯碗的，此時儒家和道家開始明確地反對佛教。

道家說：「佛教是外來宗教，根本不是中國人的！」這一思想的確影響深遠，無論中國人多麼喜歡佛教，總覺它不是土生土長的本地人。

儒家知識分子就更會批判佛教了：「佛教徒脫髮修行、崇拜佛陀，身體髮膚受之父母，豈能說脫就脫，不拜祖先，跑去崇拜印度佛陀，簡直是大逆不道！出家只注重個人修行，只管拯救自己，不要家庭，不管國家，

此乃不仁不義禽獸之為！」

但是不管儒家和道家怎麼批判，佛教的魅力讓中國人無法抗拒。

儒家只知道讀聖賢書、說些漂亮的大話，維護皇帝利益，是文人獲取功名的途徑。所以，對普通老百姓來說，儒家並沒那麼親近。

道家呢？理論比較深，哲學性太強，一般人也弄不懂，弄懂了感覺也沒用。道家的養生、煉丹，追求長生不老、修煉成仙，倒是引來無數圍觀人群。可是到後來人們發現長生不老和成仙不過是神話，根本沒法實現。

中國從來沒出現過佛教這樣的東西，儒道兩家在精神信仰方面難以拿出與之抗衡的東西，佛教傳播開來，中原內外，上至皇帝、下至黎民百姓，無不為之傾倒。

佛教新創造出來的菩薩對佛學在中國的傳播起到了重大的作用。就拿觀音菩薩來說，這些精美的畫像、高大的雕塑，充滿了慈悲和憐憫，讓人不由自主地信賴並愛上他們。

每位菩薩都有精彩的傳說，讓人們不禁讚嘆和崇拜。

天堂和地獄的繽紛色彩，佛教藝術的渲染，人們被深深吸引和折服。

佛教是比儒家和道家更容易走的路，不需要艱苦的學習和辨析深奧的哲理，不需要通讀經書，只需要簡單的一句「阿彌陀佛」就獲得了心靈的無限慰藉！

漢朝結束後，儒家衰落。

玄學還沒完成儒道融合，佛教就以更強大的姿態出現了。

東晉時期，佛學也迅速發展，玄學與佛學互相影

響，佛學者談玄，玄學者論佛，成為一時風尚，佛道兩家也日益密切起來。

後來，玄學內部有許多的派別，如貴無派、崇有派、獨化派，等等，這些派別的影響使佛教內部發生分化，佛教內部因對般若思想理解的不同而出現了所謂「六家七宗」的爭論。

到了唐朝，皇帝與老子同姓李，李唐奉老子為祖先，尊崇道家，兼行儒佛，呈現三教同臺的局面。三家同臺除了相互切磋，更展開了激烈的競爭。

第十一章

朱熹理學：儒道佛的融合

朱熹

☯ 理學的產生

漢朝以後，儒學地位下降。

魏晉南北朝時玄學盛行，佛教興起。

道家有世界觀——告訴人們世界是怎麼有無相生的，有方法論、有哲學思辨。

佛教有滅欲觀，教導人們行善，給人精神慰藉。

儒家有積極進取的思想，有建功立業和振興邦國的理想。

唐朝以來，儒、佛、道各有所長，三教並行，儒家不僅不處於獨尊地位，還常常被排擠到邊緣。

那儒家該如何振興儒學，恢復儒家的主體地位呢？

如果用談戀愛來做例子，A男（儒家）很帥，B男（佛家）有才，C男（道家）有財，他們各有所長，女孩（社會）選擇總是很糾結，到底該選哪個呢？

儒、佛、道三男也會打來打去，各說各好。

此時，A（儒家）最聰明，A（儒家）升級了，他不僅帥，還向B（佛家）學到了知識，跟C（道家）學會了賺錢，於是A一舉勝出，贏得了女孩（社會）的青睞。

儒家發現，儒家之所以不能占主要地位，是因為佛和道有的東西，儒家給不了。

儒家對儒學進行了升級改造，以孟子的思想為基礎，吸收佛教和道家思想形成的新儒學——理學（義理之學：研究儒家經典義理的學說），也叫道學。

理學的創始人為北宋的周敦頤、邵雍及張載，而後有程顥和程頤等人繼續發展，最終由南宋朱熹集其大

成，形成了精深的新儒學體系，因此理學常被稱為「程朱理學」。

儒家吸收了道家的哲學與思辨精神，構建了天理觀念，克服了儒學的世界觀與方法論方面的缺陷。

儒家借鑑了佛教的滅欲觀，提出了滅人欲，彌補了個人修行方面的短板。以前的儒家主要談論政治，從理學開始，更加注重個人的修為，把個人的道德修養「修身齊家」作為政治運作「治國平天下」的基礎。

朱熹是儒釋道的集大成者，融合了儒、道、佛的理學，使儒學變得強大無比。自此以後佛、道學說再也動搖不了儒學的地位了。

後世無論中外，研究儒學都繞不開朱熹構建的理學大廈。

朱熹52歲時，將《大學章句》《中庸章句》《論語集註》《孟子集註》四書合刊，構成了朱熹理學完整的思想體系，並將《大學》《中庸》《論語》《孟子》四書定為文人士子修身的準則。當時，五經被比喻成是粗米，四書被比作熟飯，四書被認為是通曉五經的階梯。

宋朝時，朱熹的理學是受到排斥的。宋朝慶元二年（1196年）「黨禁」發生，朱熹被斥之為「偽學魁首」，朱熹以偽學罪首落職罷祠，朱子門人流放的流放，坐牢的坐牢，遭到嚴重打擊。

朱熹直到去世也仍未解除罪名。但朱熹死後不久，黨禁解弛，朱熹的地位開始日漸上升，在歷代儒者中的地位和影響力僅次於孔子和孟子。

朱熹思想學說從元代開始被奉為正統，在元、明、清三代，理學一直是國家的官方哲學，不僅深刻地影響了的傳統思想文化，而且還遠播海外，對李朝時期的朝

鮮和德川時代的日本產生了巨大的影響。

元代開始，科舉考試以朱熹的《四書章句集註》為標準取士，從此四書代替了五經。

那朱熹的理學到底是講的什麼呢？

朱熹學問淵博，先秦諸子、佛道思想、史學、文學、地理、音韻、訓詁、典章、樂律等無所不看，對各種學問都有著廣泛的興趣。

朱熹28歲時，開始意識到「妄佛求仙之世風，凋敝民氣，耗散國力，有礙國家中興」，於是開始反佛道而崇儒。

朱熹整合儒、佛、道思想，構建起了規模宏大而又縝密精致的理學。主要包括「理氣」的宇宙觀、「心統性情」的天人觀、「格物致知」的認識論和「主敬」的修養功夫論。

理氣論

董仲舒提出了天人感應理論，用天地之氣與人之氣相互感應來說明天道（自然規律）和人道（政治倫理）的關係，並使用了「元」的概念，把「元」當成萬物的本原和初始，但他還沒有系統解釋宇宙的生成觀。

周敦頤沿襲《易經》中「太極生兩儀、兩儀生四象」作《太極圖說》，用來解釋宇宙的生成與萬事萬物的變化規律。

第十一章　朱熹理學：儒道佛的融合

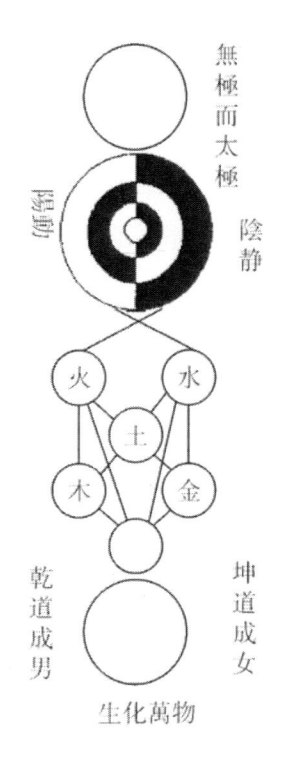

[太極圖：無極而太極／陽動　陰靜／火　水　土　木　金／乾道成男　坤道成女／生化萬物]

　　無極之極就是太極。（無極是用來形容太極的無始無終、無形無象、無情無欲、無聲無色、無臭無味的「虛無狀態」，既然太極是無始無終、無形無象、無情無欲、無聲無色、無臭無味，那麼人類的語言、圖像和感覺就很難準確描述，只能去意會。）

　　太極通過內部的自我運動，產生出陽；陽運動到了極限就轉化為靜止，靜止便產生陰；靜止到了極限，又再變成運動。

　　陽和陰，運動和靜止，兩者相互將對方作為自己的根基。

　　太極分成陽和陰後，天與地便出現了。

　　陰陽的變化結合，產生出了水、火、木、金、土五氣。

這五行之氣，順其本性變化，這樣就產生了春、夏、秋、冬四時。

五行統一於陰陽，陰陽統一於太極，太極原本就是指無極。

陰陽五行的精粹，微妙地結合凝聚。從而促使天的陽氣形成男人，地的陰氣形成女人。

陰陽二氣的交相感應，便變化產生出萬物。萬物生成無窮，變化運動無盡。

朱熹的理氣論就來自於《太極圖說》，朱熹提出了「理」的概念，就是「理學」的「理」。

朱熹的理＝天理＝道＝太極＝無極＝宇宙的規律。

而「氣」是構成萬事萬物的材料。

理是形而上的「道」，是抽象的規律，是無形無跡的本質，類似於西方哲學黑格爾所說的「絕對精神」。

氣是形而上的「器」，是事物最基本的構成，用現代的話說，可以把氣理解為原子、分子之類的東西。

朱熹在理的基礎上，又提出了「理一分殊」的思想。他認為萬事萬物，包括人類社會都有各自運行的道理，這就是「分殊」。但是這些物、人各自之理都源於同一個天理（無極、太極、道），這就是「理一」。

宇宙的萬事萬物都各有一理，但這些理都出於天理，天理是宇宙萬物各理的總理。就像天上的月亮（天理）只有一個，卻完整地映現在每條江河（事物各有一理）之上。

「理一分殊」就是說太極包括萬物之理，萬物分別體現整個太極（「人人有一太極，物物有一太極」）。

理或天理是自然萬物的根本法則，當然也是人類社會的最高準則，也是人類所憧憬的人生最高境界。

心統性情

天道和人道是否相同，是一直爭論不休的問題，孟子認為天人合一，荀子主張天人相分。

朱熹繼承孟子的天人合一思想，認為天理既然是自然萬物的規律，那麼人類社會也應該遵守。

天道和人道是相通的。

天理反應在人身上就是「道心」，道心是天理的體現，也叫「義理之心」。

理在人還未形成之前渾然於天地之間，人一旦形成，便附於人體，成為先天稟賦於人心的仁、義、禮、智、信，是先天的善性所在，人人皆有，是至善的、完美無缺的，所以道心是人的「天命之性」。

道心出於天理，是性命之正。

水、火、木、金、土五氣運行形成道心的「性」，稟木之秀（稟賦木氣的精華），具愛之理（就具備了愛的義理）就形成仁；稟火之秀，具敬之理就形成禮；稟金之秀，具宜之理就形成義；稟水之秀，具別之理就形成智；稟土之秀，具實之理就形成信。

「性」是寂然不動的秉性，性見於情，處於未發狀態，性是道心的「本」和「體」。

「情」是隨性而發的感情，情發於性，處於已發狀態，情是道心的「末」和「用」。

情是性的有感而發，情感發於「仁」就形成「惻隱之心」；情感發於「禮」就形成「辭讓之心」；情感發於「義」就形成「羞惡之心」；情感發於「智」就形成「是非之心」；情感發於「信」就形成「誠實之心」。

前面說到了理氣論：天理是天然存在的，道心是人人都具有的，就像人的生理結構一樣，與生俱來的。

除了無形的理，還有構成物質有形的有氣，人體必稟此氣才能形成。由於氣精粗、厚薄、清濁、久暫的不同，就產生了具體性格上的差異，也就是「人心」。「人心」有善有惡，屬於後天的「氣質之性」。

「道心」是理主氣隨，形成了仁、義、禮、智、信，是善的。

「人心」是氣主理隨，形成了喜、怒、哀、懼、愛、惡、欲七情，這些感情有的是善的，有的是惡的，惡的部分被稱為「人欲」。

人欲並不是指人類的各種慾望，指的是可能轉變成惡的慾望，比如過分的節欲或者過度的縱欲，都可能產生惡。

天理與人道、自然世界與人事社會、道心與人心之辨是中外哲學都很關注的重點，朱熹的心（道心）性（人心）論更是儒家乃至中國文化最精髓的部分。

朱熹認為，道心與人心是密切關聯的，道心需要通過人心來安頓，人心須聽命於道心。

人心是氣的表現，道心是理的表現，人心必須接受道心這個「性命之主、性命之正」的主宰和統領，這就是「心（道心）統性（人心）情（感情）」。

從心統性情出發，朱熹進一步提出了「存天理、滅人欲」的觀點。

朱熹承認人們正當的物質生活慾望，反對佛教道教籠統地倡導無欲、節欲，也反對過分違背天理產生惡的慾望。

所以朱熹的滅人欲，並不是要人們無欲，而是要按

照天理來安頓人的行為。

比如，性的需求是符合天理的人的正常需求，但是抵擋不住誘惑，要去強姦、要跟人私通，這就是「人欲」。

那麼性、飲食、穿著、居住等的滿足到了哪種程度就是正常的？到了哪種程度就是「人欲」呢？

這並沒有統一的標準，這就需要良好的自我的修養和準確的分寸拿捏。

四書中的《中庸》就是教導人們要做好個人的道德修養，合理地把握好尺度。

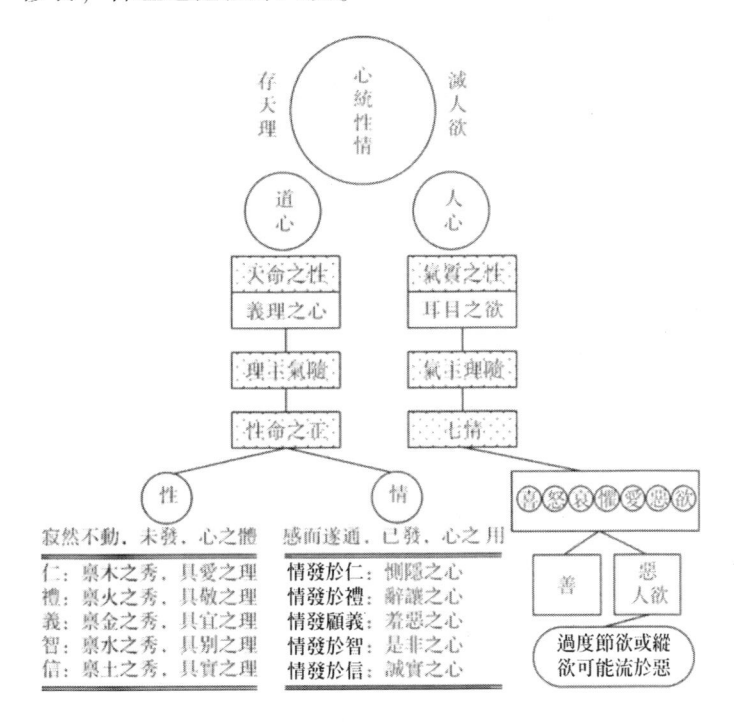

```
         存         心統性情         滅
         天                         人
         理                         欲
           道心              人心
          天命之性           氣質之性
          義理之心           耳目之欲
          理主氣隨           氣主理隨
          性命之正            七情
            性      情      喜怒哀懼愛惡欲
    寂然不動，未發，心之體  感而遂通，已發，心之用
    仁：稟木之秀，具愛之理  情發於仁：惻隱之心    善  惡
    禮：稟火之秀，具敬之理  情發於禮：辭讓之心       人欲
    義：稟金之秀，具宜之理  情發於義：羞惡之心   過度節欲或縱
    智：稟水之秀，具別之理  情發於智：是非之心   欲可能流於惡
    信：稟土之秀，具實之理  情發於信：誠實之心
```

☯ 大學之道

大學，大道之學，乃是要繼天立極、秉承天理，為

人類樹立最高準則。

什麼最高準則？

具體可以歸納為四句話：為天地立心，為生民立命，為往聖繼絕學，為萬世開太平！

大學之道分為「三綱八目」。

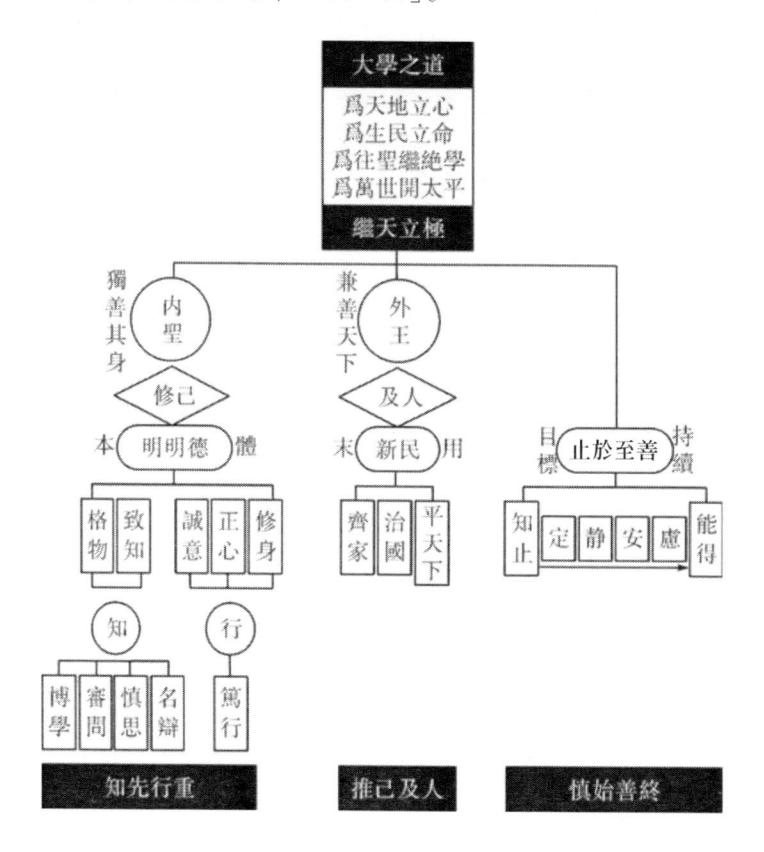

```
大學之道
為天地立心
為生民立命
為往聖繼絕學
為萬世開太平
繼天立極
```

獨善其身 — 內聖 — 修己 — 本 明明德 體 — 格物／致知、誠意／正心／修身 — 知（博學、審問、慎思、名辯）／行（篤行） — 知先行重

兼善天下 — 外王 — 及人 — 末 新民 用 — 齊家／治國／平天下 — 推己及人

目標 止於至善 持續 — 知止、定、靜、安、慮、能得 — 慎始善終

「三綱」是指明德、新民、止於至善，是大學之道的綱領，也是儒家的目標。

所謂「八目」，是指格物、致知、誠意、正心、修身、齊家、治國、平天下。是為達到三綱而下的工夫，也是儒家的人生進修階梯。儒家的全部學說都是在講述這三綱八目。

大學之道有兩個階段：「內聖」和「外王」。

「內聖」就是注重自己的修為，「窮則獨善其身」，這裡的窮不是指的物質貧窮，而是在起步階段，能力還比較小的情況下，首先要做好的功夫就是「明明德」。

「明明德」中第一個「明」是動詞，明瞭、達到的意思，第二個「明」是純淨無染的、圓滿的意思，指的是個人要有良好的品德修養。

「外王」就是「達則兼善天下」，在個人達到道德的覺悟之後，還要推己及人，幫助、教育他人，達到齊家治國平天下，齊家治國平天下就叫作親民。朱熹為了體現革去「舊染之污」，把「親民」改為「新民」。

內聖就是要明明德，內聖是本，是體（本體、本質）。

外王就是要新民，外王是末，是用（作用，本體的外在表現）。

那另外一綱「止於至善」是說什麼的呢？

「止於至善」一方面是說目標，大學的目標就是為了「止於至善」，經過明明德和親民兩個階段，就會達到至善的境界；「止於至善」另一方面指不浮躁、認定目標踏踏實實，持續地改進，不半途而廢。

怎麼做才能不浮躁呢？

「知止而後有定，定而後能靜，靜而後能安，安而後能慮，慮而後能得。」

知止就是樹立堅定的志向，志向堅定才能夠鎮靜不躁，鎮靜不躁才能夠心安理得，心安理得才能夠思慮周詳，思慮周詳才能夠最終有所收穫。

三綱下的八目是環環相扣，層層遞進的。

「古之欲明明德於天下者，先治其國；欲治其國者，

先齊其家；欲齊其家者，先修其身；欲修其身者，先正其心；欲正其心者，先誠其意；欲誠其意者，先致其知；致知在格物。」

「物格而後知至；知至而後意誠；意誠而後心正；心正而後身修；身修而後家齊；家齊而後國治；國治而後天下平。」

無論天子還是庶民，都要以修身為本，不能舍本而逐末。

修身的第一步就是「格物致知」。

☯ 格物致知

程頤說：「格猶窮也，物猶理也。猶曰窮其理而已矣。」「格物」就是窮理。

朱熹這樣論述「格物致知」：「上而無極、太極，下而至於一草一木一昆蟲之微，亦各有理。一書不讀，則闕了一書道理；一事不窮，則闕了一事道理；一物不格，則闕了一物道理。須著逐一件與他理會過」「天地中間，上是天，下是地，中間有許多日月星辰，山川草木，人物禽獸，此皆形而下之器也。然而這形而下之器之中，便各自有個道理，此便是形而上之道。所謂格物，便是要就這形而下之器，窮得那形而上之道理而已。」

朱熹反對佛教禪宗的隨緣頓悟，提倡用格物的方法獲取知識。

那西方哲學獲取知識的方法論是什麼？

法國理性主義哲學家笛卡爾提出了演繹法，通過邏輯推理來推導出知識。

英國經驗主義哲學家休謨提出了歸納法，認為知識是從經驗中獲取的，通過觀察大量同類事實，從中總結知識。

德國唯心主義哲學家黑格爾提出辯證法，通過正題—反題—合題的不斷辯論獲得知識。

法國實證主義哲學家孔德，提出了實證研究方法，提倡不去管什麼本質，只要用具體工具測量兩個東西的諸如速度、質量、電流等的數學值，然後找到兩個東西這些數學值之間的關係就可以了。

這些是西方引以為傲的方法論。

那理學的格物方法究竟是怎麼認識萬物的道理呢？

朱熹認為格物，一是即物，就是要接觸事物、觀察事物，類似於西方的歸納法；二是窮理，就是要研究物之理，類似於西方的演繹法；三是至極，「格物者，格，盡也，須是窮盡事物之理。若是窮得三兩分，便未是格物，須是窮盡得十分，方是格物」，即格物就是極致、窮盡萬事萬物，理有十分，必須窮盡到十分，窮得兩三分不行，五六分不行，八九分也不行，只有窮盡到十分，才是極致，窮究其理，有點類似與黑格爾的辯證法，無限地正反合辯證下去就接近「絕對精神」。

可以看到，朱熹的格物論基本囊括了西方的哲學方法論。

朱熹不僅把理學推向鼎盛，使儒學的哲學化達到很高的水平，更有豐富的自然科學思想和知識。

朱熹涉獵廣泛，對於醫學典籍《黃帝內經》、天文學家張衡的《靈憲》和歷代天文地理知識都有研究，特別是對北宋沈括的《夢溪筆談》鑽研尤深。

朱熹在《北辰辨》中專門討論天球北極星座；在

《堯典》註中，討論了當時天文學的歲差、置閏法等概念；在《舜典》註中詳細記錄了當時的渾天儀結構。

朱熹對地質學化石、宇宙起源、地心說、大地自轉、日食與月食、潮汐、雪花六角晶體形狀、雨虹等的形成、地理對氣候的影響、農業技術等都有自己的見解。

現在看來，朱熹不僅是哲學家，也是一名科學家。

但是，理學始終把個人的修養放在第一位，格物致知的認識論主要用在了誠意、正心、修身、齊家、治國、平天下上，並沒有普及到自然科學。

朱熹說：「兀然存心乎草木、器用之間，此何學問！如此而望有所得，是炊沙而欲成飯也。」意思是如果放棄對天理（仁、義、禮、智、信）的追求，而只把精力花在草木、器用的研究上，那就如拿沙子做飯，像散兵遊勇回不到老家一樣，是舍本而逐末。

在一定程度上，儒家認為明明德、新民的道德修為和兼善他人比追求一事一理更重要。

用現在的話說，中國傳統的儒家觀念認為人的道德修為比科學技術更重要，道德修為是「本」，科學技術是「用」，是為人服務的，因此重心一直放在道德修養上。

明朝初期，中國的科技水平還處於世界的頂峰，到了明朝末期，中國的科技遠遠落後於西方先進國家。清朝被國外的堅船利炮打開國門時，中國人才意識到了科學技術的重要。

在很長一段時期裡，中國社會以農業為主，儒家一直倡導重義輕利，通過道德修養來約束自我，克己復禮，維持社會良好運作。

第十一章　朱熹理學：儒道佛的融合

在工業化與商業化的大潮中，英國的亞當·斯密寫出了《國富論》，成為經濟學的開山鼻祖，搞什麼慾望的約束，利益是好東西，為什麼要輕利？經濟學家認為就是要賺取利潤最大化，就是要最大化地滿足消費者的需求和慾望。

一時間，經濟學成為當代的顯學，伴隨工業化和商業化，科技進步也突飛猛進。

但在當今社會人們逐漸意識到，工業化、商業化和現代科技是一把雙刃劍，給人類帶來甜頭的同時也帶來了巨大的苦果，使人們不得不回頭來反思儒家的倡導是否具有合理性？

知先行重

在八目中，格物、致知是「知」；誠意、正心、修身是「行」；齊家、治國、平天下是推己及人和兼善天下的「推行」。

那麼「知」和「行」誰先誰後，哪個更重要？

「知」「行」問題是貫穿中國哲學史的一個重要課題，最早在《尚書·說命》中記載，傅說就曾以「非知之艱，行之惟艱」來告誡商王武丁；《左傳·昭公十年》也記錄「非知之實難，將在行之」。這都在說明懂得一件事情並不難，難的是去踐行，強調「行」比「知」更難、更重要。

關於「知」和「行」的關係，朱熹認為「知先行後」「行重於知」「知行互發」。

知先行後。朱熹用人在行走時眼睛（知）和腳（行）的相互依賴舉例，說明當以知為先，只有知道何

為善、何為惡，何為高尚、何為恥辱，才可能在修身中切實地去為善去惡，並不斷地去追求崇高。

行重於知。論先後，當以致知為先；論輕重，當以力行為重。從知識來源上說，知在先；從實踐效果上看，知輕行重。

知行互發。知和行不可分離，相互依賴、相互促進，「知之愈明，則行之愈篤；則知之益明」。

在《禮記・中庸》中，又詳細闡述了「知」與「行」的方法：「博學之，審問之，慎思之，明辨之，篤行之。有弗學，學之弗能弗措也；有弗問，問之弗知弗措也；有弗思，思之弗得弗措也；有弗辨，辨之弗明弗措也；有弗行，行之弗篤弗措也。」

意思是說：要廣博地學習，詳細地求教，慎重地思考，明白地辨別，切實地力行。不學則已，既然要學，不學到通達曉暢絕不終止；不去求教則已，既然求教，不到徹底明白絕不終止；不去思考則已，既然思考了，不想出一番道理絕不終止；不去辨別則已，既然辨別了，不到分辨明白絕不終止；不去做則已，既然做了，不確實做到圓滿絕不終止。

博學、審問、慎思、明辨、篤行環環相扣、層層遞進，更加豐富了理學知行的方法論。

☯ 主敬

在修養方面，朱熹主張「主敬」涵養。

「主敬」的工夫論是西方哲學所沒有的，是中國哲學獨具的魅力。

西方哲學通過演繹法、歸納法、辯證法等方法論認

知自然規律。

理學認為單有方法論是不行的，必須要和「主敬」的工夫結合才能夠認知規律。

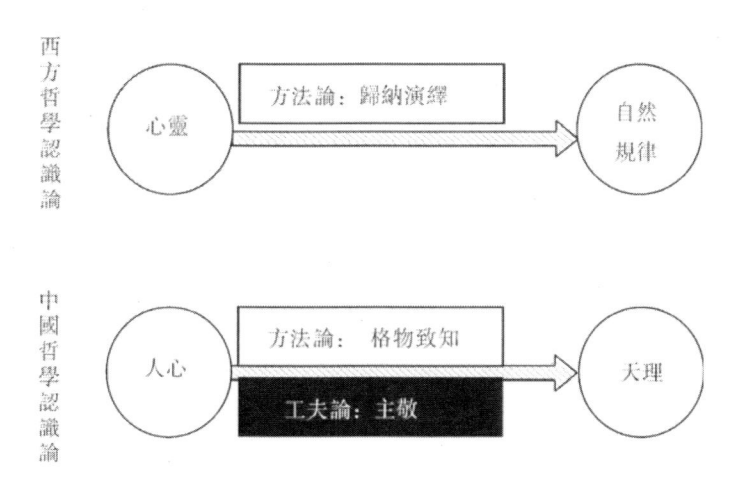

西方哲學認識論：心靈 —方法論：歸納演繹→ 自然規律

中國哲學認識論：人心 —方法論：格物致知→ 天理
工夫論：主敬

「主敬」之心確立，才能通過「格物」來達到「致知」，進一步窮盡事物的道理，也就是「尊德性而道問學」的工夫。

由「誠意」「正心」到「修身」，確立先「修己」目標的方向。先「修己」，然後以安定百姓，用真誠莊重的工作，達到「齊家」「治國」「平天下」。這些無一能離開「敬」。「主敬」工夫，是聖人作學問自始至終的關鍵。

所以，主敬的工夫貫穿格物致知、貫穿知與行、貫穿明明德、新民與止於至善，也就是貫穿整個大學之道，主敬的工夫做不好，就達不到大學之道。

有方法論格物就夠了呀！為什麼還必須要有下「主敬」的工夫呢？

先秦荀子在《解蔽篇》就提出：「『人心之危，道心之微』，危微之幾，惟明君子而後能知之。」若拯人心

之危，得道心之微，則證大道，得大智慧矣。

什麼意思呢，荀子形象解釋道：「故人心譬如盤水，正錯而勿動，則湛濁在下，而清明在上，則足以見鬚眉而察理矣。微風過之，湛濁動乎下，清明亂於上，則不可以得大形之正也。心亦如是矣。故導之以理，養之以清，物莫之傾，則足以定是非、決嫌疑矣。」

意思是說，人的心就像盤中的水，端正地放著而不去攪動，那麼沉澱和污濁的渣滓就在下面，而清澈的、透明的水就在上面，那就能夠用來照見胡須、眉毛並看清楚皮膚的紋理了。但如果微風在它上面吹過，沉澱和污濁的渣滓就會在下面泛起，清澈的、透明的水就會在上面被攪亂，那就不能靠它獲得人體的正確映像了。人心也像這樣啊。如果用正確的道理來引導它，用高潔的品德來培養它，外物就不能使它傾斜不正，那就能夠準確地判定是非、決斷嫌疑了。

所以，獲取知識除了有方法論，還有高潔的品質來解除蒙蔽的心。商業時代的一些學者、科學家和管理者，方法論和知識是有的，但被金錢和物欲蒙蔽，只要給錢就扭曲事實，離嚴謹的科學研究十萬八千里。

各行各業無論做什麼，先正心誠意，好好地去研究學問、生產產品，如果還沒開始做就滿腦子在想著快速發財，那沉污的渣滓就會泛起，結果也不會好。

「主敬」是中國哲學偉大的創舉，把自然科學與人文科學、規律認知與道德修養連接起來。

道心是指反應天理的善良之心。

人是由氣與理結合而生成的，人心是「天命之性」與「氣質之性」的結合，有善有惡。

人心要修養成道心，人心要認識天理，就必須做主

第十一章　朱熹理學：儒道佛的融合

敬的工夫。

「敬」到底是什麼？

「敬」就是要惟精惟一地去存天理、滅人欲。

「惟精」就是要選擇善良，「惟一」就是要固執地堅持下去。

「克服」「心在」「慎獨」是在遏止人欲處下工夫，從而達到內心不被外物所牽，做到富貴不能亂我之心，貧賤不能變我之志，威武不能屈我之節操，以達到道明、德立的境界。

「心思」「操存」「戒懼」是在保存天理處下工夫，最後達到隨心所欲也不會違背天理的境界。

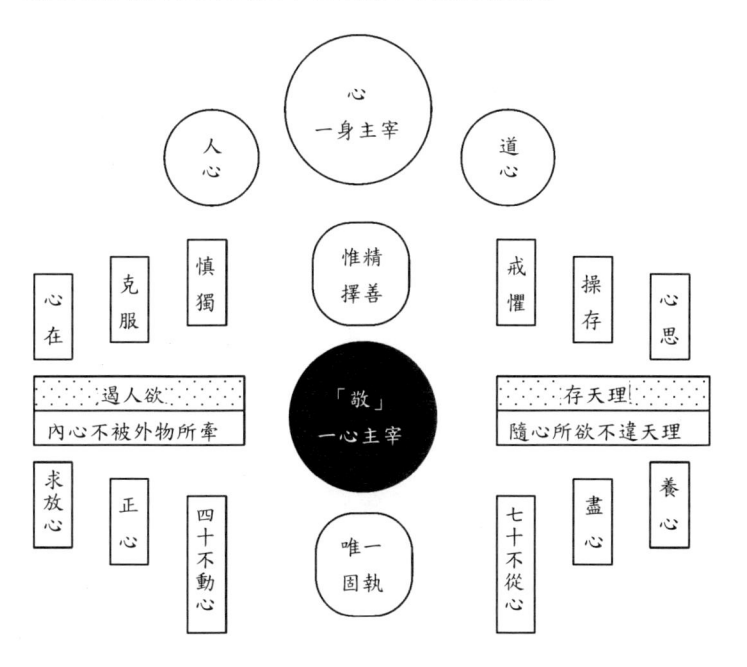

```
            ┌─────────┐
            │   心     │
            │ 一身主宰 │
   ┌───┐    └─────────┘    ┌───┐
   │人 │                    │道 │
   │心 │                    │心 │
   └───┘                    └───┘

┌─┐┌─┐┌─┐   ┌─────┐   ┌─┐┌─┐┌─┐
│心││克││慎│   │惟精 │   │戒││操││心│
│在││服││獨│   │擇善 │   │懼││存││思│
└─┘└─┘└─┘   └─────┘   └─┘└─┘└─┘

┌──────────────┐  ●●●  ┌──────────────┐
│   遏人欲      │ ●敬● │   存天理      │
│內心不被外物所牽│ ●一心● │隨心所欲不違天理│
└──────────────┘ ●主宰● └──────────────┘
                  ●●●
┌─┐┌─┐┌─┐   ┌─────┐   ┌─┐┌─┐┌─┐
│求││正││四│   │唯一 │   │七││盡││養│
│放││心││十│   │固執 │   │十││心││心│
│心││ ││不│   └─────┘   │不││ ││ │
│ ││ ││動│              │從││ ││ │
│ ││ ││心│              │心││ ││ │
└─┘└─┘└─┘              └─┘└─┘└─┘
```

怎麼樣才能做到「敬」？

心是一身的主宰，而敬又是一心的主宰。只有掌握主敬專一、心不外適、沒有邪避之心的方法，經常收斂本心，保持清醒的頭腦，才能身體力行地窮盡道理。

「主敬」要從「弗達」「交正」「無適」「主一」「有間」「有差」六個方面下工夫。

弗達——內靜外敬，是基本的禮儀，包括靜和動的規範。

靜：穿戴衣帽要端正，仰看、平視要保持尊嚴，居住時要心中安靜而專一，做人做事，無愧於遙遙相對的上天。

動：行走的姿態一定要莊重踏實，舉止儀表一定要恭敬，彈琴、唱歌、舞蹈時，要選擇合適的地方，在乘馬往返於像蟻穴那樣曲折的小路中，也要能保持其奔馳之勢。

交正——要表裡如一。

表：外出或工作要像去接待貴賓一樣，嚴肅認真對待承擔的事，就像去參加祭祀典禮，謹慎小心的做事，不敢有一點疏忽。

裡：守口如瓶不隨便說話，像築起城牆一樣地嚴防邪念隨時侵入心中，恭敬虔誠地對待一切，不敢有一絲一毫的輕視。

無適——就是不到處亂跑、不要被干擾、不要分心，不能以西而向東，不能以北而向南，按事物的本來實際辦事，而不要被外物的引誘以放失本心。

主一——將全部精力集中起來，不能沒有二而說成二，沒有三而說成三，唯有心境的專一，才能把握住事物的萬變。

有間——如有短時間的背離，也會產生出千萬種私心雜念，那就如同沒有接觸火而感到熱，沒有碰到冰而感到寒冷一樣躁怒憂懼。

有差——一旦有一絲一毫的差錯，也會造成天地那

樣遠的差別。如果三種道德綱常既然已經被淹沒，那麼九種治國大法也就被敗壞。

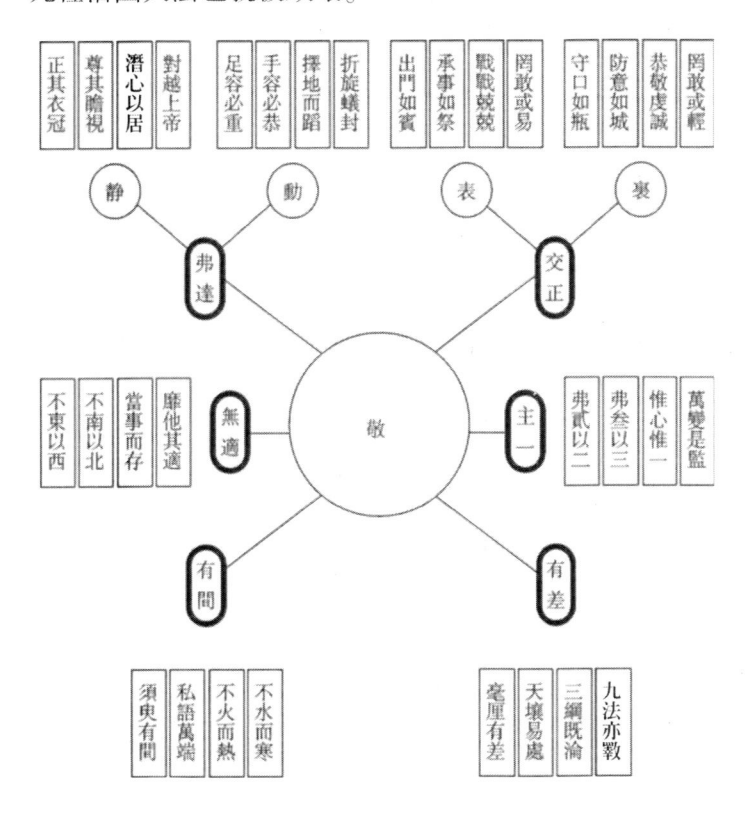

```
正其衣冠  尊其瞻視  潛心以居  對越上帝   足容必重  手容必恭  擇地而蹈   出門如賓  承事如祭  罔敢或易   守口如瓶  防意如城  恭敬虔誠  罔敢或輕
              静   動                          表   裏
                弗達                            交正

        不東以西 不南以北 當事而存 廉他其適   無適      敬      主一   弗貳以二 惟心惟一 萬變是監

                    有間                         有差

        須臾有間 私語萬端 不火而熱 不水而寒   毫釐有差 天壞易淪 三綱既淪 九法亦斁
```

☯ 理學的評價

理學是儒學在封建社會達到的頂峰。

理學的「繼天立極」「秉承天理」為人類樹立了最高準則。

人們學習道德修養的目的就是「為天地立心，為生民立命，為往聖繼絕學，為萬世開太平」！

這是非常偉大的價值觀，比起西方的「自由、平等、博愛」毫不遜色！

理學提出了格物的方法論，不僅適合認識人事社會，也可以用於探索自然科學！

理學提出了相當了不起的「主敬」工夫論，是對中國哲學、對世界的獨特貢獻！

理學不就是存天理、滅人欲的道德說教，束縛人的道德禮教，維護帝王統治的宗教嘛，有什麼好？要是沒有這些「衛道士」，說不定中國會一直處於世界領先地位呢？

的確，到現在為止，還有許多人在批評朱熹的理學，認為正是由於理學的束縛，中國從宋代開始走向內向、保守、停滯。

可我們要知道，宋代的思想百花齊放，理學只是其中一個學派，很長一段時間朱熹的學說還受到宋朝朝廷的排斥。

所以把中國的落後歸罪於哲學家頭上是非常不合理的。

中國從宋朝開始埋下了衰弱的種子，這天命運程不要說哲學家沒辦法，就是神仙也無法扭轉。

宋人的感情是非常糾結和複雜的。他們不像漢唐那樣霸氣地徵服亞洲，他們被契丹壓著，失去北方領土，痛苦不堪。

趙匡胤杯酒釋兵權，沒有經歷武力鬥爭，為了防止兵變，他當上皇帝就重用儒生文員。這一定程度上造成了文人看不起軍人，貶低一切尚武政策。

軍人勝利時，文人嫉妒，站在和平和不侵掠的道德角度批評軍人。軍人戰敗，文人站出來說：「看吧，好戰必敗，活該！」文人治國，每當敵人入侵時，就採取綏靖和懷柔政策。

第十一章　朱熹理學：儒道佛的融合

到了元代，蒙古人啟用理學，也只是用來緩解「華夷之辨」。視野開闊的元代並不重用儒家，更不喜歡固執的儒生，反而更喜歡道和佛。

現在很多人排斥元代，很大程度上是因為歷史上儒生對元代的不滿，元代的國際化程度、經濟發達程度不差於歷代封建社會，這可以從馬可波羅的描述中得到證實。

元代相對來講更開放，尊重各種神明，寬容對待各種教派，當然對儒家和儒生也比較寬容，儒家和儒生的自由度還是比較大的。

儒家自由是自由，但就是不受重用，這是儒家不滿元代的一個重要原因。

元代雖然物質豐富、經濟發達、開放、多元、包容，但在精神層面帶給中華文明的打擊是巨大的。元代給中國蒙上被外族完全徵服的恥辱，整個民族很受傷害，開始害怕、膽怯、不信任外部世界。

中國從明朝開始就把受傷的心包裹起來，失去了自信，再也無法喚起先秦那樣的創造力，再也沒有秦、漢、唐那樣的四方徵服、雄霸天下的氣概。

朱元璋把蒙古人趕出北京，就在想怎麼治理國家。

朱元璋看不起那個懦弱的宋，就找到了比宋偉大且最近的唐作為榜樣，模仿唐律，繼承漢唐遺產。

永樂皇帝遷都北京，想要奪取外蒙的控制權，儒家又跳出來講和平的道理。

永樂信佛，他下令編輯儒家經典，並把朱熹理學定為官方哲學。

中國的落後是在明朝完成的，明初的技術與西方是同一水平，明末就遠遠落後。

明末危機重重：當時的自然災害、官場的腐敗、關內的李自成、關外的滿人、海上的日本人，終於這個王朝在多重壓力下崩塌了。

文人都在罵李自成，因為他不重用讀書人，斷絕了讀書人的功名之路。

而康熙很會拉攏人，他雖然看不上儒生，但他要利用儒生。

1662年清朝攝政王大臣頒發詔令：科舉考試主要根據士子的文學創作來評價，主要內容就是闡釋朱熹的理學教義。

這下很多讀書人高興了，這多好，背好四書，寫好八股文，就有黃金屋和顏如玉。

然而當時稍有骨氣的文人都被文字獄迫害，理學的原本思想也大量被刪改。

文人被清朝搞成了廢人，可他們還高興地把康熙認為是儒家心中的完美皇帝。

人們常常罵朱熹的理學限制了中國人，這是罵錯了，限制中國人的是清朝統治者，不是朱熹和他的哲學。

朱熹並不是拍馬逢迎的文人，他提出的「品德修養」是上到皇帝下到庶民需要學習的必修課，就連皇帝也要正心誠意對待。

宋孝宗即位，詔求臣民意見。朱熹應詔上封事，力陳反和主戰、反佛崇儒的主張，詳陳講學明理、定計恢復、任賢修政的意見。

隆興元年，朱熹應詔向宋孝宗面奏三札：一札論正心誠意、格物致知之學，反對老、佛異端之學；二札論外攘夷狄之復仇大義，反對和議；三札論內修政事之

道，反對寵信佞臣。

朱熹的抗金主張沒有被朝廷採納，卻被任命為國子監武學博士。朱熹辭職不就，請祠歸崇安。

既然理學這麼好，那中國的科技為什麼還會落後於西方？

科技發明是科學家的事情，沒有一流的科學家就難有一流的科學。把科技落後於西方歸罪於哲學家是不合理的。

當時中國沒有厲害的科學家是中國封建社會全面落後與西方工業社會的原因。

儒學有功於中華民族的延續。中國文化的生命力離不開儒家的文化自覺和歷史意識，孔子最早整理了堯、舜、禹三代以來的文化，確立了儒家經典，建立起了文化傳承的使命感。

唐宋以來，儒家形成了道統意識，「仁、義、禮、智、信」成為中華的核心價值，國家的統一成為歷代國人堅定不移的信念。

而現代的文明、民主的社會，一旦和中國的哲學結合，前途將不可估量！

第十二章

王陽明心學：良知就是天理

王陽明

龍場悟道

　　與朱熹同時代的南宋哲學家陸九淵是心學的創始人。他比朱熹小9歲，兩人就天理獨立於人心，還是天理就是人心，通過書信進行了長期爭辯。

　　朱熹和陸九淵相約在信州鵝湖寺切磋，陸九淵主張發明本心，認為本心之性千古不變，心是一切道德價值的根源；而朱熹則認為人要通過學問才能致知，要以天理統領人心。這就是中國哲學史上有名的「鵝湖之會」。

　　鵝湖約會朱陸爭辯了三天，觀點始終沒得到統一。陸譏朱的觀點為「支離」，說朱熹格物弄了一大堆「理」，就像床上疊床，屋下架層一樣繁瑣冗餘。而朱熹則批評陸九淵「陸子靜之學，看他千病萬病，只在不知有氣稟之雜」，朱說陸不知道人是氣體構成的，還以為人心就是一切呢。

　　到了明代，王陽明繼承並發揚了陸九淵的學說，構建了「吾心之良知即天理」的心學體系，也稱陸王心學。

　　在王陽明生活的明代，朱熹的理學已經流行了兩百多年，是當時社會的主流哲學。

　　理學倡導「格物致知」，「格物」就可以從萬物中發現天地宇宙的道和理。

　　18歲的王陽明實踐「格物致知」，去「格竹子」，盯著院子裡的竹子坐了七天，竹子的道理沒有格出來，人倒下了，大病一場。

　　這個故事真假難辨，但廣為流傳，用來諷刺格物的空談和理學的迂腐。這樣的譏諷是有偏差的，朱熹所講

的「格物」方法並不光是盯著看，現代科學研究同樣也不光是盯著看就能找到規律的。

朝廷要考四書，一般讀書人就拼命去認可、學習、背誦。

但王陽明不是一般的讀書人，他有強烈的質疑精神。理學這麼多繁復龐雜的修養準繩讓人壓抑，王陽明開始懷疑理學這套複雜嚴密的體系。

朱熹提出天理，然後用他的天理推出一套三綱八目的道德規範和修養準則，要求上至皇帝、下至百姓人人遵守，把人壓得透不過氣來。王陽明開始質疑朱熹的理論，思考天理究竟是個什麼玩意。

王陽明哲學的出發點就是在思考這個天理究竟是什麼東西，真的是朱熹所說存在於宇宙開始、不依賴於人類、獨立於人類之外的那種天理嗎？

王陽明懷疑朱熹對天理的解釋，他開始出道入佛，尋找真正的天理。

他跟和尚討論什麼是天理，和尚說是佛；跟道士討論什麼是天理，道士說是道。他思考了很多年，還是沒有得到答案。

28歲的王陽明參加禮部會試成績優異，賜二甲進士第七人，觀政工部。此後依次擔任過刑部主事和兵部主事。

35歲的王陽明上疏論救，而觸怒宦官劉瑾，被杖四十，流放至貴州龍場當龍場驛棧驛丞。

「連峰際天，飛鳥不通」的龍場，四周是崇山峻嶺，常有猛獸、毒蛇出沒；附近居住的是難以交流的苗族。

王陽明在山洞中住下，開墾荒地種菜種稻。他的詩《西園》講述了龍場生活。

西園
　　方園不盈畝，蔬卉頗成列。
　　分溪免瓮灌，補籬防豕蹢。
　　蕪草稍焚薙，清雨夜來歇。
　　濯濯新葉敷，熒熒夜花發。
　　放鋤息重陰，舊書漫披閱。
　　倦枕竹下石，醒望松間月。
　　起來步閒謠，晚酌檐間設。
　　酣時藉草眠，忘與鄰翁別。

從高位跌落，遭遇如此重大的打擊，不失落灰心的能有幾人？

而王陽明卻「素位聊無悔」，榮辱皆忘，在青山綠水、清風明月中養心、治心，思考著格物致知、修身治國的道理。

他37歲時，一天夜裡，王陽明「忽中夜大悟格物致知之旨，不覺呼躍而起，從者皆驚。始知聖人之道，吾性自足，向之求理於事物者誤也」。

這就是著名的「龍場悟道」，從此心學誕生了，格物致知也被賦予了新的含義。

☯ 心即理

天理在哪裡？天理由誰規定？

王陽明龍場悟道後，總算有了答案——心即理。天理不是外部先天就設定好的條條框框，天理是人心構造的，天理就在人心中啊！

王陽明想：什麼太極呀、無極呀、天理呀、陰陽呀，我也沒法驗證，理學家想怎麼說都可以；但我只知

道我的內心才是客觀的，我心裡的東西才是我能感受到的，才是真實存在的，才是真正的天理！

王陽明吸收了宋代陸九淵的思想，認為天理不是來自於什麼人類外部的、獨立於人類而存在的、人還沒產生的時候就有的東西。他認識到天理、人理、物理只在吾心中，提出「宇宙便是吾心，吾心即是宇宙」。

朱熹認為，天理是萬物的本原，理獨立於人心存在，所以朱熹的學問叫「理學」。

朱熹說天理就是太極，太極生陰陽、陰陽生五行、五行生萬物，然後萬物都是按照這個天理運行，做學問就是要找到天理，做人就要修養道心遏制人欲，從而符合天理。

那這個天理和太極是什麼東西？

唯心主義、唯物主義，是現代西方哲學的觀點，法國哲學家笛卡爾提出了「身體」和「心靈」分裂的二元論，從此以後西方哲學家開始爭論世界的本原到底是「物質」還是「精神」。世界本原是物質類的東西（如金、木、水、火、土、氣、原子、分子等）構成的就是唯物主義，承認世界本原是一種精神類的東西構成的就是唯心主義。如果認為世界是上帝創造的，世界的本原是上帝，那就叫作宗教。

有人覺得，朱熹理學的本質觀同道家老子和西方哲學家黑格爾的本質觀相似，認為世界的本質是獨立於人之外的，不受人影響的「天理」「道」「絕對精神」之類的東西。

按照西方哲學唯心唯物的劃分，可以把朱熹的理論劃分到客觀唯心主義。朱熹說世界的本原是「天理」「太極」這類東西。而這類東西是無極（無始無終、無

形無象、無情無欲、無聲無色、無臭無味），那就不是物質類的東西，而屬於精神一類的東西，也就是說朱熹認為世界的本原是精神的，而不是物質的，所以是唯心主義。朱熹說的天理是宇宙開始就有的（客觀的），不是人自己想出來的（主觀的），所以說朱熹的哲學勉強是客觀唯心主義。

事實上，朱熹的理學並不是客觀唯心主義。朱熹除了提出了「理」，還提出了「氣」，「氣」是一種物質類的東西。

王陽明認為，心是萬物的本原，心就是天理。「心外無物」「心外無理」，心是唯一的實在，所以王陽明的學問叫「心學」。

心學一般認為世界的本原出於「人心」，也是精神類的東西，是出於人的（主觀），於是有人按照西方哲學唯心唯物的劃分，把心學勉強劃分為主觀唯心主義。

事實上，心學並不是唯心主義。王陽明說心外無物、心內無我，打破了物我對立、主觀客觀對立，認為物我、主客觀是一體的。

朱熹理學和王陽明心學既不是唯物主義也不是唯心主義，那是什麼呢？

唯物和唯心主義是西方人僵化的二分法哲學，中國哲學沒有唯心、唯物的說法，也從來沒有去費心地爭論過唯物和唯心。

中國哲學看來，唯心和唯物並不是對立的，人離不開物，物離開人無法被認知，物我是一體的，主觀客觀也是一體的，既唯物又唯心，既不唯物又不唯心，唯心就是唯物，唯物就是唯心，這是西方哲學家難以弄明白的。

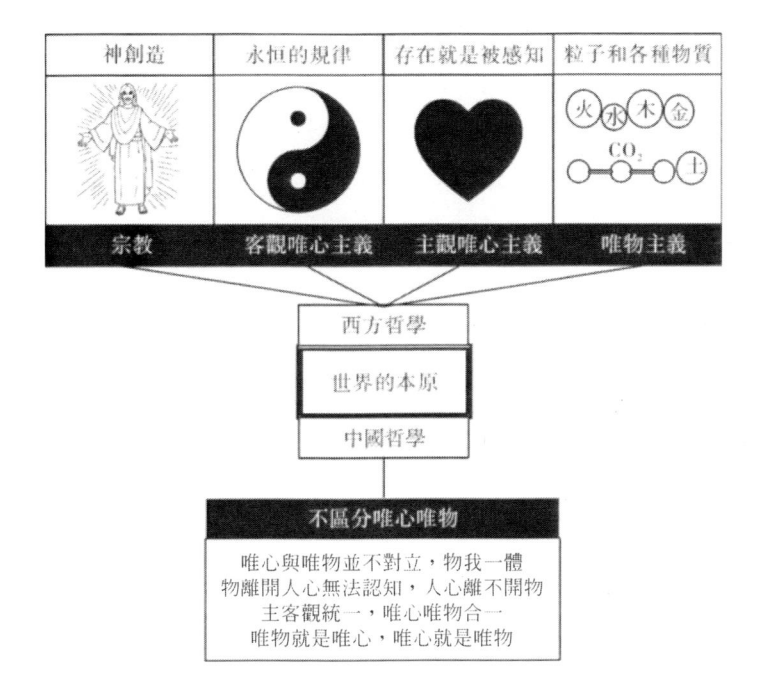

第十二章 王陽明心學：良知就是天理

神創造	永恒的規律	存在就是被感知	粒子和各種物質
宗教	客觀唯心主義	主觀唯心主義	唯物主義

西方哲學
世界的本原
中國哲學

不區分唯心唯物

唯心與唯物並不對立，物我一體
物離開人心無法認知，人心離不開物
主客觀統一，唯心唯物合一
唯物就是唯心，唯心就是唯物

☯ 致良知

「致良知」是王陽明哲學的核心，他說：「吾平生講學，只是致良知三字。」

朱熹認為存在客觀的天理，所以認識天理要格物致知，通過格物來認識世界、獲取知識；人要修身養性遏制人欲去符合天理（道心），讓道心來統領人心。

王陽明卻認為心就是理，人心就是天理，人心就是道心。本來就是一個東西，還談什麼統領，所以在王陽明這裡「天理」與「人欲」的矛盾緩和了。

朱熹認為天理在人之外，所以要格物修身，從外部求得天理。他提出要「格物、致知、誠意、正心、修身、齊家、治國、平天下」，才能「明明德、新民、止

於至善」，才能達到大學之道，才能成為聖賢。

而王陽明認為天理就是人心，朱熹苦讀聖賢書、向外格物求天理，根本就是舍本逐末。心就是理，天理不需要多讀書向外求，「六經註我，而非我註六經」。「人人自有定盤針，萬化根源總在心。卻笑從前顛倒見，枝枝葉葉外頭尋。」天理從自己心裡即可得到，只要有一念向善，心存良知，雖凡夫俗子、皆可為聖賢。

王陽明說，「夫萬事萬物之理不外於吾心」「心明便是天理」。「意在於事親，即事親便是一物；意在於事聽言動，即事聽言動便是一物。所以某說無心外之理，無心外之物。」（《傳習錄》上）「且如事父，不成去父上求個孝的理；事君，不成去君上求個忠的理；交友治民，不成去友上民上求個信與仁的理。都只在此心，心即理也。」（《傳習錄》下）

王陽明的很多詞彙都是來自理學，但和理學中詞彙的意思並不一樣。

王陽明也講格物致知，他和朱熹所說的格物致知字面上一致，但完全是不同的意義。

朱熹的格物致知是要通過即物、窮理、至極、博學、審問、慎思、明辨來學習知識、認識天理。而王陽明的格物致知是要革除惡欲達到良知。

朱熹的「格物」是觀察、思考、分析具體事物；王陽明的「格物」指的是「格心」，革除惡欲。

朱熹的「致知」是要獲取知識，達到天理；王陽明的「致知」是達到良知。

在道德修養上，理學與心學有異曲同工之妙，朱熹提倡「存天理（道心）、滅人欲」；王陽明提倡「存天理（良知）、去惡欲」。

第十二章　王陽明心學：良知就是天理

王陽明的四句教：

　　無善無噁心之體，有善有惡意之動，

　　知善知惡是良知，為善去惡是格物。

無善無惡，沒有被私心物欲遮蔽的心就是天理，就是良知。意思是良知是心的本體，心就是理，也就是說良知就是天理。

　　　　心＝良知＝天理

當人們產生意念活動的時候，把這種意念加在事物上，這種意念就有了好壞、善惡的差別。

良知是無善無惡沒有被私心物欲遮蔽的心，也是判斷善惡的標準，通過良知能夠知善知惡，格物就是要按照良知去行動、去為善去惡。

在《傳習錄中・答顧東橋書》中王陽明說：「若鄙人所謂致知格物者，致吾心之良知於事事物物也。吾心之良知即所謂天理也，致吾心良知之天理於事事物物，則事事物物皆得其理矣，是合心與理而為一者也。」

「天理」就是存在於內心的「良知」，認識事物的根本方法是「致良知」，要用「良知」做標尺去衡量一切事物，這樣就能認識事物的道理。

那麼，古今中外人們的良知一樣嗎？

王陽明說良知就是天理，所有人的良知是一樣的、是沒有差異的，良知是永遠不會變的。「千古聖賢，若同堂合席，必無盡合之理。然此心此理，萬世揆也。」「千萬世之前有聖人出焉，同此心，同此理也；東南西北海有聖人出焉，同此心，同此理也。」

那麼良知會有偏差嗎？良知會不會把善的當成惡的，惡的當成善的？

善惡不分出現偏差，其實不是良知錯了，而是人心

被慾望、貪婪、虛榮蒙蔽了。

朱熹也說人心被私欲和物欲蒙蔽，他是說向外求天理的過程，不解蔽就不能準確格物，不能致知，不能認識天理。怎麼解蔽呢？朱熹因為要下「主敬」的工夫。

王陽明說向內求良知（天理）的過程，人心若是被私欲和物欲蒙蔽，就不能達到良知（致良知）。

那怎樣才能喚醒良知、達到良知呢？

王陽明提出了致良知的兩種方法：靜養和克己（事上磨）。

靜養也叫內省，就是要做減法，減少私欲、減少各種物欲對內心的束縛，拂除各種灰塵對內心的蒙蔽，與自己的真心交流、聆聽內心最真實的聲音，迴歸本真。

光有靜養是不夠的。陸澄問王陽明：「清靜的時候，便覺得心境泰然，但一遇到事情，感覺就不一樣了，怎麼辦呢？」王陽明說：「這是只知道靜養，不知道做克除私心雜念工夫的緣故。這樣來對待事情，心境便會反反覆復。人必須在事上去磨煉，這樣才能清靜時也安定，變動時也安定。」

人們在學習、工作中反覆磨煉，克除自己的私心雜念，便可以致良知。

☯ 知行合一

良知要靠「內省」、要靠「行」（事上磨）才能得來，這就是王陽明的「知行合一」。

王陽明哲學的特殊之處就在於「良心就是天理」「知行合一」。

一般人們認為主觀就是主觀，客觀就是客觀，一個

第十二章　王陽明心學：良知就是天理

是我自己心裡想到，一個是外部獨立存在的，兩個根本就不一樣。

但王陽明認為良知就是天理，那麼良知既是存在我心裡主觀的意念，又是外部事物運作的客觀的道理，也就是說在王陽明這裡，主觀和客觀是一樣的，主觀就是客觀，主觀和客觀沒有分別，這和現代量子力學的理論十分相似。

朱熹認為知先行後，知輕行重，無論如何，他認為「知」和「行」是兩碼事，不管是先後，還是輕重，「知」就是「知」，「行」就是「行」，「知」不等於「行」，「行」也不等於「知」。

很多人誤解了王陽明的「知行合一」，認為「知行合一」的意思就是「理論要聯繫實際」，這樣的解釋不符合王陽明的本意。王陽明的「知行合一」是說「知」和「行」是一回事。

王陽明在《傳習錄》中說：「今人學問，只因知行分作兩事，故有一念發動雖有不善，然卻未曾行，便不去禁止。我今說個知行合一，正要人曉得一念發動處，便即是行了。發動處有不善，就將這不善的念克倒了，須要徹根徹底，不使一念不善潛伏在胸中，此是我立言宗旨。」

可以看到，一念發動處的「知」，就是行了。舉例來說，有偷竊的念頭就是偷竊的行為了。

因畏難而不往，則便是其心被私欲所蔽，雖有良知而不能致之，空只有「知」而無所「行」，則良知不能致之、不能行之，等若無良知。

王陽明在批評「知先行後」時說：「心雖主於一身，而實管乎天下之理；理雖散在萬事，而實不外於一人之

心。……外心以求理，此知行之所以二也。求理於吾心，此聖門知行合一之教，吾子又何疑乎？」

「知行如何分得開？」「知之真切篤實處即是行，行之明覺精察處即是知。」

王陽明的「致良知」就是要致吾心之良知於事事物物，從而完成由內向外的認識路線，所以「知」和「行」並沒有分別，是一體的。

王陽明說：「知是行的主意，行是知的工夫；知是行之始，行是知之成。」他又說：「知者行之始，行者知之成。聖學只一個工夫，知行不可分作兩事。」（《傳習錄上》）

意思是「知行」只是一個工夫，不能割裂。所謂「工夫」，就是認知與實踐的過程。「知行」關係是辯證統一的：「知」是「行」的出發點，是指導「行」的，而真正的「知」不但能「行」，而且是已在「行」了；「行」是「知」的歸宿，是實現「知」的，而真切篤實的「行」已自有明覺精察的「知」在起作用了。「知行」工夫中「行」的根本目的是要徹底克服那「惡念」而止於至善。

「心就是理」「心外無物」「心外無理」，不僅「知」和「行」是沒有分別的，就連「主觀」和「客觀」也是沒有分別的。

「心者身下主宰，目雖視而所以視者，心也；耳雖聽而所以聽者，心也；口與四肢雖言動而所以言動者，心也」「凡知覺處便是心」。「我的靈明（心）便是天地鬼神的主宰」「離卻我的靈明，便沒有天地鬼神萬物了。」（《傳習錄》）「位天地，育萬物，未有出於吾心之外者。」（《紫陽書院集序》）這和西方哲學家康德的觀

第十二章　王陽明心學：良知就是天理

點是一樣的，「人是萬物的尺度」，即離開人談論客觀規律是沒有意義的。

王陽明遊南鎮，一友人指岩中花樹，問曰：「天下無心外之物，如此花樹在深山中自開自落，於我心亦何關？」王陽明回答說：「你未看此花時，此花與汝心同歸於寂；你來看此花時，則此花顏色一時明白起來，便知此花不在你的心外。」

王陽明的哲學以「心」為本體，也就是說，人們所見、所聞、所感、所想，人們腦子裡的全部，就構成了人們認為的全部世界。除此以外，對人來說，不存在另外一個什麼所謂「客觀」「真實」的世界。因為人類的自身的結構只能瞭解到他們所感受到的世界，那個客觀真實的世界即使存在對人來說也沒有任何意義。這與英國哲學家貝克萊提出的「存在即被感知」是一個意思。

心與理是同一個東西，知與行是同一個東西，主觀與客觀是同一個東西。

心學心外無物，心內無我，打破了物我對立，這就是物我一體。

王陽明既是唯心的——心外無物，又是唯物的——心內無我，既是唯物又是唯心，物我一體，這是西方哲學沒有也難以解釋的。

西方人喜歡用邏輯思維，二分法，他們認為非黑即白。如果你問他們好不好，忙不忙，對不對，只會得到兩個答案好或不好，忙或者不忙，對或者不對。

要回答又好又壞、不好不壞；又忙又不忙；又對有不對，有對又不對，西方人會覺得不符合邏輯或者沒原則。

但中國哲學認為兩個對立面的東西是共存的，是相

互轉化的，很多事情大多時候就處於黑白地帶，既黑又白，不黑不白，時黑時白，黑白會轉化。

唯心還是唯物在中國哲學中根本不是問題，所以中國哲學從來不區分，也不探討唯心主義還是與唯物主義。

現代的量子科學，包括西方最新的解構主義哲學，都認識到主觀與客觀是一體的，是區分不開的。

這節用一首小詩結尾：

你在我面前出現時

你我目光相遇的那一刹，你我互相在對方的心靈裡誕生了

當你覺得我矮的時候，你的高顯現了
當你覺得我醜的時候，你的美顯現了
當你覺得我窮的時候，你的富顯現了
當你覺得我善的時候，你的惡顯現了

我就站在這大眾面前
我觀察著過往的人
過往的人也看到了我
我投出善意的眼神，他們的內心浮出欣慰
我拋出鄙視的神情，他們的內心感到憤怒
我表現可憐的樣子，他們的幫助欲被激起
我一副求知的樣子，他們的指教欲被催發

我像一顆投入人海的石子
攪動了人們的心海
我們互相投射、互相影響

心學的評價

朱熹的理學有機融合了從遠古的《易經》到宋代的儒釋道思想，構建起規模宏大、條理清晰、嚴謹完善的哲學大廈。

理學既適合認識人事社會，又適合探究自然科學，有先進的方法論和極強的解釋力。

而這種看起來接近完美、天衣無縫的哲學一旦當作官方哲學被強行推廣就會變成一座有力的思想監獄，後世的知識分子要歷盡艱辛才能從中逃離。

理學被上升到國家哲學後，龐大複雜的哲學體系統治和占據社會的思想意識，漫長的三綱八目、繁多的修身原則、不斷地遏制人欲的說教，讓整個思想界變得很機械、很壓抑。人們逃不出、也不敢逃出朱熹編製的完美思想牢籠。

王陽明是了不起的人物，他掙脫了朱熹的牢籠，他的心學一經提出，就解放了人們的思想，讓人們的道德修養變得簡單、易行。人們可以不用拼命讀書格物向外求，只要按照自己的良知行事即可，極大地解放了社會的思想，緩和天理與人欲的矛盾，獲得了社會廣泛的青睞。

王陽明不但是心學的集大成者，而且一生事功也是赫赫有名，能夠立德、立功、立言，其思想雖久不廢，是三不朽人物。

從諸如「吾心即天理，人人可成聖賢」等王陽明的論述中，可以體會到心學是非常酷、非常豪放的，完全打破了保守的氣息，教人不違良知而瀟灑於天地間。

王陽明豪情壯志，即興賦詩：「萬里中秋此月明，不知何處亦群英。應憐絕學經千載，莫負男兒過一生。影響猶疑朱仲晦，支離羞作鄭康成。鏗然舍瑟春風裡，點也雖狂得我情。」

王陽明的心學影響十分深遠。王艮、李贄、黃宗羲、顧炎武、王夫之等皆為心學門人。毛澤東和蔣介石也很喜歡心學。

日本德川幕府末年，將心學作為日本維新志士解放思想的武器，開啟了吸收西方科學文化的新風。梁啟超曾說：「日本維新之治，心學之為用也。」

但也要看到，王陽明的「良知就是天理」「致良知」「知行合一」主要還是在說道德修養，和佛教的思想有很多相似性。

王陽明的「知」是指的是「良知」，是道德的知，而不是科學知識，心學對研究自然科學的貢獻很小，無法從道德層面推及至科學層面，還沒有形成一個完整的哲學體系，只能說是明代流行的一種哲學主張，給當時壓抑的思想界帶來一絲清涼，但仍然沒能撼動理學的權威地位。

鴉片戰爭以來，傳統文化的重要性不斷被貶低。五四新文化運動後，人們不僅認為傳統文化不足以振衰起弊，更是嚴重阻礙了國家的現代化，中國哲學被視為封建禮教、落伍於時代的糟粕，中國哲學的命運變得日益坎坷。

第十三章

孫中山現代儒學：

中西文明的融合

孫中山

☯ 中西融合

清朝末年，隨著政府衰敗和西方列強的侵入，中華民族飽受摧殘，進入千年未有的變局。

在前所未有的大變局中，儒家思想該何去何從？

當時政治界和思想界出現三類觀點：第一類是保守派，泥古不化，提倡「中學為用、西學為體」，拒絕一切改革，認為中國的管理和體制是最好的，只學習西方的科學技術就可以了；第二類是改造派，以康有為著述《新學偽經考》《孔子改制考》為代表，用歷史進化論附會《春秋公羊學》，宣稱人類社會是按照「據亂世」「升平世」和「太平世」的順序演變的，相對應的是君主專制時代、君主立憲時代和民主共和時代，他們以此論證變法維新的必然性，要求保留皇位先完成君主立憲；第三類是對儒家徹底拋棄的否定派，提倡全面西化。

洋務運動讓人們認識到單純引進西方先進的技術並不能挽救危亡的國家；戊戌變法的失敗也使保皇黨實行君主立憲制的幻想破滅。

無數仁人志士從中央帝國的睡夢中驚醒，開始向西方尋求救國救民之道，拉開了中國現代化的序幕。

辛亥革命讓國民看到了國家獨立、民族復興的曙光。

這一時期，為求救國救民，民族主義、民主主義、君主立憲、社會主義、無政府主義、國粹主義、實業救國、馬克思主義等各種思想紛至沓來。

五四運動中愛國青年，無不以新思想，為將來革新

第十三章 孫中山現代儒學：中西文明的融合

事業做準備。言論自由的時期，各種新出版刊物層出不窮，各類思想紛紛應時而出，揚葩吐豔。

同時，全面否定儒家思想的潮流席捲而來，眾多政客和知識分子隨著大潮對傳統文化發起了猛烈的攻擊。

孫中山富有遠見卓識和非凡勇氣，他知道中國傳統文化與西方先進思想同樣重要，兩者也並不矛盾，中國傳統文化是民族發展的根脈和魂魄。

孫中山對新文化運動給予了充分的肯定：「在中國今日，誠思想界空前之大變動，……遂致輿論放大異彩，學潮瀰漫全國，人皆激發天良，誓死為愛國之運動。倘能繼長增高，其將來收效之偉大且久遠者，可無疑也。吾黨欲收革命之成功，必有賴於思想之變化。兵法『攻心』，語曰『革心』，皆此之故。故此種新文化運動，實為最有價值之事。」

針對青年盲目崇拜西方文化，全面否定儒家學說，孫中山對此提出了批評：「近年來歐洲盛行的新文化……，都是我們中國幾千年以前的舊東西。……我們中國的新青年，未曾過細考究中國的舊學說，便以為這些學說就是世界上頂新的了，殊不知道在歐洲是最新的，在中國就有了幾千年了。」

「講到中國固有的道德，中國人至今不能忘記的，首是忠孝，次是仁愛，其次是信義，其次是和平。這些舊道德，中國人至今還是常講的。但是，現在受外來民族的壓迫，侵入了新文化，那些新文化的勢力此刻橫行中國。一般醉心新文化的人，便排斥舊道德，以為有了新文化，便可以不要舊道德。不知道我們固有的東西，如果是好的，當然是要保存，不好的才可以放棄。」

「講到孝字，我們中國尤為特長，尤其比各國進步

得多。《孝經》所講的孝字，幾乎無所不包，無所不至。現在世界最文明的國家講到孝字，還沒有像中國講的這麼完全。所以孝字更是不能不要的。國民在民國之內，要能夠把忠孝二字講到極點，國家便自然可以強盛。」

「仁愛的好道德，中國現在似乎遠不如外國。中國所以不如的原故，不過是中國人對於仁愛沒有外國人那樣實行，仁愛還是中國的舊道德。我們要學外國，只要學他們那樣實行，把仁愛恢復起來，再去發揚光大，便是中國固有的精神。」

孫中山秉持至誠至正大公的態度給予中國文化充分肯定的評價，沒有因國內外潮流和形勢的改變而動搖對中國文化的認可。

孫中山十歲入村塾，習四書五經，後來到夏威夷開始一段漫長的海外求學之路，具有中西融合的基礎。

在對待中西文化上，孫中山認為，「將取歐美之民主以為模範，同時仍取數千年前舊有文化而融貫之」。他將近代西方先進思想和儒家思想的融合，是中西文化的集大成者。

他讚揚理學的「八目」：「中國有一段最有系統的政治哲學，在外國的大政治家還沒有見到，還沒有說到那樣清楚的，就是《大學》中所說的『格物、致知、誠意、正心、修身、齊家、治國、平天下』那段話。」

孫中山把民主思想與儒家哲學結合，使儒家思想脫離封建制度，走向了現代民主社會，實現了儒學的現代化，這是對中國哲學最偉大的豐功偉績。

「發揚吾固有之文化，且吸收世界之文化而光大，以期與諸民族並驅於世界，以馴致於大同。」孫中山既強調「學習外國之所長」，又強調「發揚吾固有之文

化」，二者缺一不可。唯有「恢復」與「發揚光大」民族固有的道德精神，然後固有民族地位才可以「圖恢復」。

「但是恢復了我們固有的道德、知識和能力，在今日之世，仍未能進中國與世界一等的地位，如我們祖宗之當時為世界之獨強的。恢復我一切國粹之後，還要去學歐美之所長者，然後才可以和歐美並駕齊驅。」

孫中山說：「餘之謀中國革命，其所持主義，有因襲吾國固有之思想者，有規撫歐洲之學說事跡者，有吾所獨見而創獲者。」

以儒家傳統為本，兼收西方民主思想之長，因襲、規撫、創立了中西文化的交融──三民主義：民族、民權、民生。

他說：「我們三民主義的意思，就是民有、民治、民享。這個民有、民治、民享的意思，就是國家是人民所共有，政治是人民所共管，利益是人民所共享。」還說：「吾所主張的三民主義，實是集合中外的學說，順應世界潮流，在政治上所得到的一個結晶品。」

振興中華

孫中山有儒家的報國情懷，第一個喊出了「振興中華」的強音，立下了扶將傾之中華大廈的雄志，為國家與民族的強盛和發展而立下宏願。

「驅除殘賊，再造中華，以復三代之規，而步泰西（西方國家）之法」。孫中山針對滿人入主中原後以落後弱小的民族統治一個地域廣大人口眾多的漢民族，提出民族主義。

儒家民族主義有一個傳統就是嚴夷夏之防或明華夷之辨。

儒家非常注重這一點，認為這是文明與野蠻的分野，也是中華民族保持其文明的生活必須堅守的陣線。

最早在《尚書·舜典》中出現「蠻夷猾夏」的論述。

孔子對管仲攘夷之功大肆稱讚說，「如其仁，如其仁」「民到於今受其賜，微管仲，吾其披髮左衽矣」。

但夷夏之防或華夷之辨某種程度上不利於中華民族的團結。

孫中山先生對於儒家的民族主義思想進行了發展：「餘之民族主義，特就先民所遺留者，發揮而光大之；且改良其缺點，對於滿洲，不以復仇為事，而務與之平等共處於中國之內，此為以民族主義對國內之諸民族也。對於世界諸民族，務保持吾民族之獨立地位，發揚吾固有之文化，且吸收世界之文化而光大之，以期與諸民族並驅於世界，以馴致於大同，此為以民族主義對世界之諸民族也。」

從此，儒家的民族主義從古代的民族主義進化到了現代民族主義和國際主義。

孫中山的民族主義主張不能讓一個民族受制於另一民族，如果沒有民族獨立與發展，就沒有民族之間的交流與和平共處。辛亥革命後不是將滿洲人驅逐出中原，而是實現五族共和、平等相處。

☯ 天下為公

孫中山把民主思想和儒家哲學結合提出了民權

第十三章 孫中山現代儒學：中西文明的融合

主義。

「中國自有歷史以來，沒有實行過民權，就是中國（在辛亥革命之後）十三年來也沒有實行過民權。但是我們的歷史經過了四千多年，其中有治有亂，都是用君權。到底君權對於中國是有利或有害呢？中國所受君權的影響，可以說是利害參半。但是根據中國人的聰明才智來講，如果應用民權，比較還是適宜得多。所以，兩千多年前的孔子、孟子便主張民權。孔子說：『大道之行也，天下為公』。便是主張民權的大同世界。又『言必稱堯舜』，就是因為堯舜不是家天下。堯舜的政治，名義上雖然是用君權，實際上是行民權，所以孔子總是宗仰他們。孟子說：『民為貴，社稷次之，君為輕。』又說：『天視自我民視，天聽自我民聽。』又說：『聞誅一夫紂矣，未聞弒君也。』他在那個時代，已經知道君主不必一定要的，已經知道君主一定是不能長久的，所以便判定那些為民造福的就稱為『聖君』，那些暴虐無道的就稱為『獨夫』，大家應該去反抗他。由此可見，中國人對於民權的見解，二千多年以前已經早想到了。」

「從前是一人做皇帝，現在四萬萬人作主，就是四萬萬人做皇帝，雖然沒有見過，但是老早便有這種理想。譬如孔子說：『天下為公』。又有人說：『天下者，是天下人之天下也』，就是這個理想。我們革命是實行三民主義，也就是這個思想。」（《三民主義》）

民權主義就是人民當家做主，孫中山的民權主義思想有兩大源頭：一是中國自古以來的儒家民本思想，一是歐美民主國的理論與實踐。

什麼是民權主義，它和民族主義有什麼不同呢？

孫中山作了一個形象的比喻：民權主義的道理和民

族主義差不多，民族主義是對外打抱不平的，民權主義是對內打抱不平的。國內有什麼不平的大事呢？就是有了皇帝或者軍閥、官僚的專制，四萬萬人還是不能管國事，還是做他們少數人的奴隸。像這樣壓迫的不平，和外國人的壓迫也是一樣的。所以對國內的專制打不平，便要應用民權主義，提倡人民的權利。提倡人民的權利，便是公天下的道理。公天下和家天下的道理是相反的。天下為公，人人的權利都是很平的。到了家天下，人人的權利便有不平。這種不平的專制，和外族來專制是一樣的。所以對外族的打不平，便要提倡民族主義；對國內的打不平，便要提倡民權主義。

那如何實現民權呢？

為實現主權在民的政治理想，孫中山對西方近代三權（立法、司法、行政）分立進行了升級改造，提出一個「五權分立」的原則，在美國三權分立的基礎上，增加考選權和糾察權。

考選權和糾察權一直就存在於中國政治體制中，只是考選制度被惡劣政府所濫用，糾察制度又被長期埋沒而不為所用。這是極可痛惜的。孫中山期望在共和政治中復活這些優良制度，分立五權，相應設置行政、立法、司法、考試、監察五院，創立各國至今所未有的政治學說。

要講民權，便離不開自由、平等、博愛，這與西方民主思想是一致的。

孫中山的大道為公主張天下是天下人的天下：「我們三民主義的意思，就是民有、民治、民享。」這個民有、民治、民享的意思，就是國家是人民所共有，政治是人民所共管，利益是人民所共享。

他的民權精神濃縮在「天下為公」四字之中。

☯ 大同社會

儒家《禮記·禮運篇》描寫的大同之治，就是孫中山想努力實現的目標。

「大道之行也，天下為公。選賢與能，講信修睦。故人不獨親其親，不獨子其子。使老有所終，壯有所用，幼有所長，矜寡孤獨廢疾者皆有所養。男有分，女有歸。貨，惡其棄於地也，而不必藏於己；力，惡其不出於身也，而不必為己。是故謀閉而不興，盜竊亂賊而不作，故外戶而不閉，是謂大同。」

大同社會追求平等、公正，重視公共利益，這成為現代儒家追求的普世道德價值。

「我們中國二千多年以前，孔子便有這項思想：『大道之行也，天下為公』。不過當孔子那個時代，只有思想，沒有事實。到了現在，世界上有了這個思想，也有了這個事實。」孫中山向往「大同」並充滿了信心。

孫中山認為「社會主義」不能包容自己的所見，為了準確表達「大同主義」，別創「民生主義」，從儒學去解釋民生主義的內涵，使大同學說現代化。

「將來倘能成立新國家，另有新組織，則必不似舊世界之痛苦。預料此次革命成功之後，將我祖宗數千年遺留之寶藏，次第開發，所有人民之衣食住行四大需要，國家皆有一定之經營，為公眾謀幸福。至於此時，幼者有所教，壯者有所用，老者有所養，孔子之理想的大同世界，真能實現，造成莊嚴華麗之新中華民國，且將駕乎歐美而上之。」

民生主義，是在「富者日富，貧者日貧」，貧富差距懸殊的時代大背景下，沿襲了儒家的「均富」治國理念，並結合西方的社會福利，從而提出「民有」與「民享」，社會財富歸全社會民眾共享的構想。

忠孝仁愛信義和平

孫中山是近代中國民族、民主革命先行者，他最先發現指望著清朝政府去推動中國的現代化發展是根本不可能。所以他堅持不懈推動全民族覺醒，發起辛亥革命把統治中國兩百多年的大清王朝推翻，結束了兩千年來的帝制。

一個全新的時代開啓了。

新時代需要有新的道德觀，孫中山說：「中國有一個道統，堯、舜、禹、湯、文、武、周公、孔子相繼不絕，我的思想基礎，就是這個道統，我的革命，就是繼承這個正統思想，來發揚光大！」

三民主義就是從仁義道德中發生出來的，是中國固有的道德文化的結晶。這既是中國的國魂、民族精神，又是中國立國的精神和基礎。它的核心，就是忠、孝、仁、愛、信、義、和、平。

孫中山把四維（禮、義、廉、恥）、八德（忠、孝、仁、愛、信、義、和、平）、五達道（即五倫：君臣、父子、夫婦、兄弟、朋友）、三達德（又稱武德，即智、仁、勇）作為傳統道德教育內容。

在發展儒家倫理道德方面，孫中山對忠、孝和修身進行了深入的闡述：「中國民族所以能生存幾千年，必有其所以能生存的長處，那就是固有的道德與智能。」

他針對當時許多祠堂把原寫有的忠字鏟去的事實，對忠字加以重新闡釋，「以為從前講忠字是對於君的，所謂忠君；現在民國沒有君主，忠字便可以不用，⋯⋯實在是誤解。⋯⋯我們做一件事，總要始終不渝，做到成功，如果做不成功，就是把性命去犧牲，亦所不惜，這便是忠。⋯⋯我們在民國之內，照道理上說，還是要盡忠，不忠於君，要忠於國，要忠於民」。

即使在民主時代，也不能摒棄中國固有的道德，只是在新的歷史條件下，固有道德將賦有新時代的內涵。

忠孝的對象改變了，並且忠孝不再以等級尊卑為前提，是在人人平等的基礎上，要忠於國家、忠於民族、忠於人民，而不應忠於一姓一家。

這是孫中山對儒家傳統道德精神的承傳與超越。

知難行易

知行之辯是哲學的重點內容。

孫中山獨創「知難行易」：「就知和行的難易之先後說，凡百事情，知了之後才去行，是很容易的。如果不知也要去行，當中必走許多『之』字路，經過很多的錯誤，是很艱難的。為甚麼不避去那種錯誤的艱難？因為知是很難的。如果要等到知了才行，那麼行的時候，便非在幾百年、幾千年之後不可，恐怕沒有定期了。所以我們人類，有時候不知也要去行。」

孫中山不讚成傳統儒家觀點「知之非艱，行之維艱」的「知易行難」的觀點。

王陽明說：「知是行的主義，行是知的工夫，知是行之始，行是知之成。知之真切篤實處，即是行；行之

明覺精察處，即是知。知行功夫，本不可離。」那孫中山怎麼看心學「知行合一」觀點？

孫中山說：「夫『知行合一』之說，若於科學既發明之世，指一時代一事業而言，則甚為適當；然陽明乃合知行於一人之身，則殊不通於今日矣。以科學愈明，則一人之知行相去愈遠，不獨知者不必自行，行者不必自知，即同為一知一行，而以經濟學分工專職之理施之，亦有分知分行者也。然則陽明『知行合一』之說，不合於實踐之科學也。」

就是說現代科學分工越來越細，每個人只是在一個領域做精做細，不可能事事都經過真切的研究，把知與行都合在一個人身上。

「天下事惟患於不能知耳，倘能由科學之理則，以求得其真知，則行之決無所難。」孫孫中山認為知和行是理論與實踐的關係，實踐（行）是理論（知）的基礎，要先行才能知，求的真知是最難的；科學知識掌握了，再去實行是容易的事情。

孫中山的「知難行易」核心實在鼓勵踐行，王陽明的「知行合一」重點是要人致良知，他們的思想其實並不矛盾，說的事情和說的重點不同而已。

那孫中山的「知難行易」的目的鼓勵什麼踐行呢？

「知難」是針對當時革命的社會情形，解放社會的思想，讓人們「知」是很難的事情。

很多人習慣了封建統治、習慣了做奴隸、習慣了舊思想，對孫中山提出的革命綱領是相當懷疑的，尤其是革命受阻的時候，大多人在想：這個新思想到底靠不靠譜？「行」還沒有開始，在「知」上已經猶豫不決了。

面對眾多的「知」，各種主義，大眾一片茫然，哪

個是對的？哪個是錯的？無法辨別。

面對孫中山經常說「三民主義」「天下為公」「大同社會」「讓中國一躍而登上富強隆盛之地」等演講與口號，很多人是根本不信的，這麼落後衰弱的中國，能馬上達到那種理想的水平？這不是在忽悠人嗎？

孫中山看到了革命、看到了踐行的難點在與「知」，他發現喚起公民的認知、認可，解放思想，讓人們接受民主社會，明確堅定的目標是很難的事情。

所以他逢人便說「知難行易」。「知難行易」，就是改變國民的理念、堅定國民的意志、鼓勵國民行動。快快解放思想，快快信任三民主義，大家有了共同的「知」，行動起來其實是非常容易的！

中國革命是和世界革命一樣，孫中山說：「當時歐洲的民眾都相信帝王是天生的，都是受了天賦之特權的，多數無知識的人總是去擁戴他們。所以少數有知識的學者，無論用甚麼方法和力量，總是推不倒他們。到了後來，相信天生人類都是平等自由的，爭平等自由是人人應該有的事；然後歐洲的帝王便一個一個不推自倒了。」

「知難行易」很有效，給那猶猶豫豫、前怕狼後怕虎、不敢革命、不敢行動的人莫大的勇氣！

孫中山的「知難行易」恰恰是鼓勵踐行的「力行之學」。

國家圖書館出版品預行編目(CIP)資料

和大師聊哲學:中國哲學入門 / 張曉東 著.-- 第一版.
-- 臺北市：崧博出版：財經錢線文化發行, 2018.10
　面；　公分

ISBN 978-957-735-544-7(平裝)

1.中國哲學

120　　107016635

書　名：和大師聊哲學:中國哲學入門
作　者：張曉東 著
發行人：黃振庭
出版者：崧博出版事業有限公司
發行者：財經錢線文化事業有限公司
E-mail：sonbookservice@gmail.com
粉絲頁　　　　　　網　址：
地　址：台北市中正區延平南路六十一號五樓一室
8F.-815, No.61, Sec. 1, Chongqing S. Rd., Zhongzheng Dist., Taipei City 100, Taiwan (R.O.C.)
電　話：(02)2370-3310　傳　真：(02) 2370-3210
總經銷：紅螞蟻圖書有限公司
地　址：台北市內湖區舊宗路二段 121 巷 19 號
電　話：02-2795-3656　傳真：02-2795-4100　網址：
印　刷：京峯彩色印刷有限公司（京峰數位）

　　本書版權為西南財經大學出版社所有授權崧博出版事業有限公司獨家發行電子書及繁體書繁體版。若有其他相關權利及授權需求請與本公司聯繫。

定價：460元
發行日期：2018 年 10 月第一版
◎ 本書以POD印製發行